Und erlöse uns von dem Coolen

AF237248

Holger Niederhausen

Und erlöse uns von dem Coolen

Das Menschenwesen hat eine tiefe Sehnsucht nach dem
Schönen, Wahren und Guten. Diese kann von vielem anderen
verschüttet worden sein, aber sie ist da. Und seine andere
Sehnsucht ist, auch die eigene Seele zu einer Trägerin dessen
zu entwickeln, wonach sich das Menschenwesen so sehnt.
Diese zweifache Sehnsucht wollen meine Bücher berühren,
wieder bewusst machen, und dazu beitragen, dass sie stark
und lebendig werden kann. Was die Seele empfindet und
wirklich erstrebt, das ist ihr Wesen. Der Mensch kann ihr
Wesen in etwas unendlich Schönes verwandeln, wenn er beginnt, seiner tiefsten Sehnsucht wahrhaftig zu folgen...

1. Auflage Juni 2018

© Holger Niederhausen · Alle Rechte vorbehalten
Umschlagabbildung: Shutterstock / Daniel Lavrushin, verändert.
Herstellung und Verlag:
BoD – Books on Demand, Norderstedt
ISBN 978-3-7528-0517-8

‚Cool!'

Es gibt wohl wenige Worte, die mit so viel Wohlgefühl einhergehen. Man kann es so nebenbei sagen, cool, aber auch absolut begeistert. Und es bedeutet nichts anderes als ‚klasse', ‚großartig', ‚toll' – und dann außerdem vielleicht noch dieses gewisse Etwas, was eben ‚cool' ausmacht.

‚Cool' ist auch lässig, ist locker, ist das Gegenteil der Erwachsenen. Erwachsene sind nicht cool. Jugendliche sind cool – oder wollen es sein. Actionhelden sind cool. Sportler. Stars. Und wer noch? Was *ist* cool?

Es ist eine Sache, ein Wort einfach genauso wie ‚toll' zu benutzen. Eine ganz andere Sache ist es, ‚cool' sein zu wollen oder das ‚Coole' bei Anderen zu mögen. Was *ist* dieses ‚cool'? Warum will man so sein oder warum mag man das? Und was passiert dann? Was passiert dann mit einem – oder auch noch darüber hinaus...

Dieses Büchlein möchte die unglaublichen Konsequenzen erlebbar machen, die in der Existenz dieses einen kleinen Wortes liegen. Dabei geht es um weit mehr als nur eine theoretische Betrachtung oder Abhandlung. Es ist der vielleicht größte Kampf, den diese Welt zu bestehen hat.

Mögen die Spiele beginnen...

Es ist kein Zufall, dass Bücher und Filme wie die ‚Tribute von Panem' einen solchen Erfolg haben. Sie sind schon von der Story her unglaublich spannend. Sie überschreiten eine Grenze, die eigentlich schon gar keine Grenze mehr ist, weil sie inzwischen immer mehr, ja ständig, überschritten wird.

Welche Grenze ist das? Nun, das sollte man deutlich spüren, sehr deutlich sogar. Es ist die Grenze, jemanden zu töten. Wir leben in einer Welt, in der diese Grenze systematisch nach hinten verschoben wird – nach hinten, in Richtung Unempfindlichkeit...

Aber werden nicht ständig Menschen umgebracht, in Filmen und auch in der Realität? Ja, das stimmt – und es ist furchtbar genug. Denn schon hier wird der Mensch, wirst *du* daran gewöhnt, dass es dir nichts mehr *ausmacht*. Dass es einfach nur ein Genuss ist, in einen Film zu gehen, in dem der Held andere Menschen (natürlich die Bösen) tötet, um sein Leben und das Anderer zu retten. Dass es also ein Genuss ist, Kämpfe zu sehen, in denen Menschen sterben. In denen sie sich bis auf den Tod bekämpfen, sich wirklich umbringen wollen – und dies auch tun.
Das ist das Erste: dass man sich einmal bewusst machen könnte, wie es möglich werden konnte, dass man einen *Genuss* und eine *Unterhaltung* daran hat, Filme zu schauen, in denen *Tötungen* vorkommen – und in denen diese Tötungen sogar der Haupteffekt sind, weil die Lebensbedrohung und das Töten nun einmal die stärksten Effekte sind, die es gibt. Wie ist es möglich, dass dies ein Genuss wird, eine wohlige, starke Unterhaltung...

Das ist das Erste – dass dies inzwischen sowieso normal ist. In unzähligen Filmen, in ganzen Genres von Filmen: Action, Science Fiction, Krimi, Horror...

Aber es ist etwas anderes, ob man einen Actionfilm sieht, wo man weiß, der Held *muss* sich gegen die Bösewichter wehren, und es wird, weil es ein solcher Actionfilm ist, zwangsläufig Tote geben – oder ob es ein Film wie ‚Tribute von Panem' ist. Was ist denn hier der Unterschied...?

Der Unterschied ist, dass es nicht nur um das Töten geht, dass also dieses Töten in Kauf genommen wird und dass die ‚Showdowns' die Höhepunkte des Films sind – sondern dass es in ‚Tribute von Panem' *nur* um das Töten geht. Der Unterschied ist, dass die ganze Story nur einen Inhalt hat: Das Töten als Spiel, als Unterhaltung. Hier ist es wirklich so weit gekommen, dass *im Film*, in der Realität des Films, das Töten als Unterhaltung in Szene gesetzt wird. Es geht um neuartige Gladiatorenkämpfe – Kämpfe junger und sehr junger Menschen, die gezwungen werden, solange zu ‚spielen', bis nur noch *Einer* übrigbleibt.

Hier geht es nicht mehr darum, dass man sich nur tötet, weil man sich hasst oder weil einzelne Menschen ‚aus dem Weg geräumt' werden sollen oder weil eben Held und Schurke aufeinanderprallen – sondern hier ist der Auftrag, *jeden* zu töten, der einem in den Weg kommt, weil man sonst von jedem anderen *auch* getötet werden würde. Diesen Unterschied muss man empfinden, wirklich tief empfinden. Denn er beseitigt auch noch die letzten Grenzen. Es geht nicht mehr um die Schurken – es geht um *jeden*. Der Mensch wird gezwungen, eine Tötungsmaschine zu werden. Niemandem mehr zu vertrauen. Jeden umzubringen. Das sind die Tribute von Panem...

Das heißt nicht, dass man einen solchen Film nicht mehr genießen darf. Ein Buch, das einem dies ausreden wollte, würde man ja wohl sehr schnell aus der Hand legen, nicht wahr? Aber es heißt, sich dessen einmal bewusst zu werden.

Denn dies alles geht noch viel weiter. Wir sind *selbst* mitten in einem aufregenden Kampf um Leben und Tod. Aber alles der Reihe nach...

*

Wer setzt eigentlich die ‚Standards'? Standards sind Richtlinien, nach denen sich alle richten – deswegen gerade heißen sie Richtlinien: Menschen *sollen* sich danach richten – und sie tun es. Zum Beispiel in der Mode. Etwas ist auf einmal ‚Mode' und ‚modern' – und alle richten sich danach, wollen es haben, *auch* haben... Das ist ein ganz wesentlicher Punkt: dieses ‚auch'. ‚Ich will das *auch* haben...'

Warum ist das so? Warum gibt es so etwas wie Massenphänomene? Unglaubliche Wogen von Massenbewegungen, wo jeder Einzelne etwas haben will, was auch alle anderen haben wollen? Den neuesten Harry-Potter-Roman? Das neueste iPhone? ‚Die Tribute von Panem' gucken, den neuesten Dies, das neueste Das... Woher kommt das?

Es ist eine *Sogwirkung*. Man kann sich dem Sog eines solchen Massen-Hypes kaum entziehen. Denn was würde es bedeuten, wenn man es täte? Alle anderen würden den Film *trotzdem* gucken, den Roman trotzdem lesen, das neueste iPhone trotzdem kaufen und besitzen. Alle anderen hätten es – und nur man selbst nicht. Man selbst wäre ausgestoßen. Man wäre buchstäblich ‚out', außen vor, würde nicht dazugehören, wäre ein Dummchen, ein armer Kerl, bemitleidenswert, weil er dieses Eine, dem der ganze Hype gilt, nicht kennt, nicht hat, nichts davon weiß... Man würde sich vorkommen wie ein Aussätziger, ein Obdachloser, ausgespien und zurückgelassen von der Masse, die ohne einen weiterzieht, die ohne einen ein schönes Leben hat...

Das heißt, man *muss* mitmachen. So fühlt es sich jedenfalls an. Wenn nicht, hat man mit Spott zu rechnen und mit diesem starken Gefühl der Entbehrung, der sinnlosen Entbehrung, während alle anderen das haben, was man nicht hat, das kennen, was man nicht kennt.

Das ist sozialer Druck – so wirkt er. Man könnte auch sagen Kollektivzwang. Was die ganze Gruppe hat, muss auch der Einzelne haben. Die Tatsache, dass man es als Einzelner nicht hat, ist schon schlimm genug. Wenn nun auch noch die Gruppe anfängt, weiteren Druck auf einen auszuüben, zum Beispiel, weil sie einen belächelt oder verspottet, weil man es eben nicht hat, dann wird es unerträglich. Es wird sozusagen zum Mobbing...

Aber wie gesagt, dies ist gar nicht nötig – man fühlt sich ja schon *so*, ohne alles weitere, ausgestoßen. Man kann nicht mitreden. Die anderen reden aber darüber. Man gehört also nicht dazu. Ob die anderen einen dies darüber hinaus noch spüren lassen oder nicht. Man fühlt sich so – und kann nichts tun. Und in einem regt sich die unendliche Sehnsucht, dasselbe *auch* zu haben und zu kennen – und man ruht nicht eher, als bis man es auch hat und kennt und wieder dazugehört.

Wer setzt die Standards? Diese Frage ist für den Einzelnen zunächst unwesentlich. Tatsache ist, dass sie gesetzt *werden* – und dass man nur noch zusehen kann, wie sie erfüllt werden, wie sie ihre Wirkung ausüben, ihre Sogwirkung... Alle werden von den Standards angesaugt, weil es immer schon vorher bereits viele sind. Ein Hype *entsteht*. Aber man bemerkt ihn erst, wenn er schon entstanden ist. Es ist eine Woge, bei der alle mitmachen, und würden nicht alle mitmachen, wäre es gar keine Woge. Aber wie kommt es, dass alle mitmachen?

Meistens ist es die Neugier. Es reichen einige Wenige, die aber zu denjenigen gehören, die Standards *setzen*. Die heimlichen Anführer der Klasse zum Beispiel. Die, die man auch sonst immer cool findet. Wenn *sie* sich für etwas interessieren und von etwas erzählen und etwas haben – dann interessiert man sich *auch* dafür. Und wenn drei, vier Freunde von etwas erzählen, dann ist die Sache gelaufen, dann will man es definitiv auch kennen – und so macht es die Runde. Es breitet sich gleichsam in Wellenbewegungen aus. Ein Stein, der in einen See geworfen wurde, kann gar nicht anders, als nach und nach den ganzen See in einer sich ausbreitenden Welle in Bewegung zu setzen.

Dieses Bild von der Welle, die durch einen einzelnen Stein in Bewegung gesetzt wurde, trifft es wirklich sehr gut. Jeder wird dann in Bewegung gesetzt, wenn die ihm nahen Menschen ebenfalls in Bewegung gesetzt wurden. Vielleicht interessiert mich der heimliche Anführer der Klasse gar nicht, aber spätestens wenn mein Freund oder meine Freundin das Buch, den Film, die Sache ebenfalls ‚cool' findet, bin auch ich angespitzt und fange an, mich von der Sogwirkung erfassen zu lassen, mich ihr nicht mehr entziehen zu können. Und wenn die vom Stein erzeugte Welle am Ende nur ganz schwach ist, bedeutet das, dass selbst die Letzten, die sich für das Buch, den Film gar nicht mehr wirklich interessieren, zumindest noch mitkriegen, dass es ihn gibt und wovon er ungefähr handelt – selbst sie können sich dem Ganzen nicht völlig entziehen, es schwappt sogar bis zu ihnen noch...

Aber nun ist jeder, der sich für diese eine Sache so interessiert, dass er der Meinung ist, dass man sie gelesen, gesehen haben *muss*, dass man sie kennen *muss*, ein neuer Stein, ein neuer Wellenauslöser. Auch er bringt seine Umgebung dazu, das Gleiche zu denken, zu fühlen, zu wollen: Man muss das kennen... Ich muss es kennen, du musst es kennen, jeder muss es kennen. Sogwirkung, Massenwirkung, unentrinnbar...

*

Wer setzt die Standards? Man weiß es nicht – man spürt fast immer erst die Tatsache, dass sie gesetzt *sind* und existieren, dass sie ihre Wirkung entfalten, der man sich gar nicht mehr entziehen kann. Die Standards *werden* gesetzt – und man selbst läuft hinterher, immer wieder...

Eigentlich könnte man an dieser Stelle bereits einmal innehalten und sich verwundert fragen: *Will* ich das eigentlich? Will ich fortwährend neuen Dingen hinterherlaufen, die Andere gesetzt haben? Aber für diese Frage ist es vielleicht noch zu früh. Zu sehr ist man noch im Hamsterrad der eigenen Gefühle gefangen.

Was für ein Hamsterrad? ‚Hamsterrad' sagt man zu etwas, was unentrinnbar ist und immer weitergeht, ohne Pause. Es gibt für Hamster Laufräder, die sich immer weiterdrehen. Der Hamster steigt hinein, und seine Pfoten drücken das Rad hinunter, und so muss er anfangen, zu laufen, was das Rad immer weiterdreht, auch immer schneller. Und der Hamster rennt und rennt...
Im Käfig ist das etwas Gutes, denn so hat er wenigstens etwas (scheinbaren) Auslauf, zumindest Bewegung. Als Bild aber ist es schrecklich. Denn es bedeutet, reines Opfer zu sein – Opfer von Bedingungen, die ganz außerhalb von einem liegen, einen aber vollkommen bestimmen, das ganze eigene Handeln. *Ist* es dann noch das eigene...?

Nun – die subtile, sehr fein wirkende Bedingung dafür, ob man etwas als ‚eigen' betrachtet, ist zunächst ja, ob man es ‚will'. Das, was man selbst will, will man ja nun einmal. Also will man es und wird es nicht als fremd empfinden. Selbst wenn es fremdbestimmt war, von außen irgendwie vorgegeben oder angeregt ... wird es spätestens dann, wenn ich es selbst *will*, zu etwas, wozu mich niemand zwingen muss, im Gegenteil.

Aber man kann sich einmal sozusagen als Extremvorstellung fragen, was man alles mitmachen würde, bevor man es als absurd empfinden würde.

Tom Sawyer hat es geschafft, die lästige Aufgabe des Zaunstreichens so darzustellen, dass es etwas sei, was Spaß mache, und schließlich gaben die anderen Kinder ihm sogar Geld oder was auch immer, um ein wenig den Zaun streichen zu *dürfen*.
So kann einem auch der moderne Gruppendruck und Kollektivzwang manchmal vorkommen. Es könnte sozusagen sogar der größte *Schund* auf den Markt kommen – man müsste es nur schaffen, dass genügend viele Leute darin etwas ‚Cooles' sehen, was man haben sollte. Sobald der Hype gesetzt ist, folgt die übrige Masse von ganz alleine nach... Es geht, mit anderen Worten, gar nicht darum, ob etwas schön oder sinnvoll ist – es geht am Ende nur noch um die Sogwirkung.

Ein anderes Bild sind die Lemminge. Sie sind mit den Hamstern nahe verwandt und gehören zu den Wühlmäusen. Den Lemmingen sagt man nach, dass sie sich bei einer Überbevölkerung in Scharen ins Meer zu stürzen. Daraus hat sich die Redewendung ‚wie die Lemminge' entwickelt. Entscheidend ist dabei nicht der (angebliche) Selbstmord, sondern das Gruppenverhalten. Es ist sozusagen eine extreme Form von Herdentrieb. Und der Selbstmord ist gleichsam nur das Extrem der Sinnlosigkeit: ein Hinterherrennen hinter den Anderen, obwohl es jedem Sinn sogar *widerspricht*.

Aber ist dies nicht unsere Realität? Nehmen wir an, ein Film erzeugt einen ungeheuren Hype. Sobald dies der Fall ist, können Marketingexperten alles Mögliche herstellen, was mit diesem Film zu tun hat – den allergrößten, billigen Schund, Plastikfiguren, Aufkleber, Geschirr mit entsprechendem Aufdruck etc. etc., und es würde alles massenhaft gekauft werden, weil es alles mit dem Hype zu tun hat. Und die Hersteller verdienen Millionen. Sie brauchen nur ein bisschen Plastik, die Verbindung zu dem Hype – und kassieren. Und alle laufen dem Schund *freiwillig* hinterher, weil in ihrem Kopf eine Art Gehirnwäsche stattfand...

‚Gehirnwäsche' ist auch so ein Wort. In Diktaturen oder im Bereich der Geheimdienste hat man versucht, politische Gegner so zu foltern – auch durch Isolation, durch Schlafentzug, durch endlose Verhöre und so weiter –, dass sie ihre Individualität immer mehr verloren und letztlich gleichsam willenlos überhaupt nicht mehr wussten, was man mit ihnen machte, was man ihnen an neuen Gedanken einpflanzte. Wenn der Mensch so weit gebracht werden kann, dass er eigentlich nur noch überleben will – oder vielleicht nicht einmal mehr das –, dann kann man mit ihm alles machen, weil sein Wille gebrochen wurde. Das ist die Grundlage der ‚Gehirnwäsche'. Es geht eigentlich darum, dass der Mensch in bestimmten Situationen nicht mehr eigenständig denken kann – und dass man genau diesen Zustand zu erreichen versucht, um dann mit *fremden* Gedanken diesen Menschen völlig umzuerziehen, im Grunde zu einem komplett anderen Menschen zu machen.

Was sich hier durch physische und auch psychische Gewalt zu etwas absolut Furchtbarem verbindet, geschieht aber in ‚sanfterer' und sehr viel subtilerer Form im Grunde ständig. Denn im Grunde wird *fortwährend* in das eigene Denken eingedrungen und versucht, den Menschen bestimmte Gedanken nahezulegen. Jeder Hype ist ein machtvoller Versuch, die

Gedanken der Menschen zu bestimmen – und dieser Versuch ist erfolgreich. Jeder erfolgreiche Hype ist eine erfolgreiche Gehirnwäsche unzähliger Menschen. Was ihnen vorher noch gleichgültig war, gewinnt für sie gleichsam über Nacht oder sogar von einer Minute zur anderen Bedeutung – so viel Bedeutung, dass sie freiwillig viel Geld dafür ausgeben. So viel Bedeutung, dass sie fast nicht mehr leben wollen, bis sie wieder dazugehören, weil auch sie es jetzt haben... Wenn das keine Gehirnwäsche ist?

Noch ein anderes Bild ist der Rattenfänger von Hameln. In dieser Geschichte entführt ein Mann mit einer irgendwie magischen Flöte sämtliche Kinder, die ihm gleichsam willenlos zu folgen beginnen. In diesem Zusammenhang nennt man einen ‚Rattenfänger' dann jemanden, der mit üblen Methoden Anhänger für üble oder sinnlose Ziele und Zwecke an sich bindet. Im Grunde sind auch alle Schundverkäufer, die auf dem Rücken eines Hypes viel Geld machen, solche Rattenfänger. Und wir, die diesem Hype erliegen, sind die Ratten, die wie die Lemminge blind den vorgegebenen Standards hinterherlaufen...

*

Entscheidend aber für einen selbst bleibt zunächst doch der eigene Wille. Denn wenn ich mich einem Hype hingebe, interessiert mich nicht, ob das nicht vielleicht ein ziemlich großer Blödsinn ist – sondern *ich* finde es in dem Moment toll beziehungsweise unglaublich wichtig, diesen Film zu sehen, dieses Buch zu lesen, dieses Ding zu kaufen, *weil es alle tun*. Ich will dazugehören, und ich finde etwas schon deshalb toll, weil es alle anderen toll finden. Das Empfinden der *Anderen* prägt mein eigenes Empfinden, macht mich nicht mehr unabhängig. Mein eigenes Urteil wird eigentlich von vornherein überlagert von dem Urteil der anderen. Ich habe gar keine

Chance mehr, mich zu fragen, ob mich dies überhaupt interessieren würde. Es *interessiert* mich bereits, weil ich – mehr noch – völlig überzeugt bin, es lesen, sehen, haben zu *müssen*.

Es ist natürlich nicht so, dass ein grottenschlechter Film einen Hype auslösen würde. Irgendetwas muss an dem Film, an dem Buch ja dran sein, dass Menschen ihm hinterherlaufen. Wenn man dies benennen wollte, würde man vielleicht zu solchen Begriffen kommen wie ‚spannend‘, ‚gut gemacht‘, ‚packend‘.

Aber das reicht nicht aus. Denn es gibt unendlich viele Bücher und Filme, auf die dies zutreffen könnte – und doch machen nur einige Wenige einen Hype durch und verdrängen damit sozusagen gleichzeitig alle anderen, die *auch* in diese Lage hätten kommen können. Wenn ‚Harry Potter‘ ‚hypet‘, kann nicht gleichzeitig Roman XY einen Hype haben – und wird es auch nie, weil in alle Ewigkeit ‚Harry Potter‘ das Rennen gemacht hat.

Das ist natürlich etwas absolut gesagt, aber man kann vielleicht ein Gefühl dafür bekommen, dass es gleichzeitige Hypes nicht gibt und dass ein einmal gesetzter Hype unendlich vieles andere unmöglich macht, weil er die Aufmerksamkeit an *sich* bindet.

Wenn zwei Löwen in einem Rudel um ein Stück Beute kämpfen und noch unentschieden ist, wer gewinnt, ist alles möglich. Ist der Kampf aber einmal entschieden, dann ist nicht nur dieser *eine* Kampf entschieden – sondern der Sieger ist zugleich Rudelführer, und der Unterlegene ist nicht nur diesmal unterlegen, sondern von nun an unbedeutend. Es ist sogar möglich, dass er in der Rangordnung weit nach unten fällt.

Zwei Filme oder Bücher können wirklich *gleich* gut sein, und doch findet sich das eine Mal ein Millionenpublikum und das andere Mal nur ein ziemlich kleines. Es hängt ganz davon aber, wer ‚das Rennen macht'. Und dieser ‚Sieg' bedeutet nicht unbedingt eine höhere Qualität. Es bedeutet einfach nur den Sieg an sich.

Der siegreiche Film kann sogar viel, viel *schlechter* sein als der andere. Letztlich sehen wir, wie für einen Hype nur gewisse Elemente ‚stimmen' müssen, vor allem ‚Spannung'. Es gibt Buch- und Filmautoren, die nach diesem Strickmuster ein Werk nach dem anderen produzieren, und die Masse läuft ihnen hinterher wie die Lemminge. Dabei sind die Bücher oder Filme vielleicht wirklich grottenschlecht. Das Einzige, was stimmt, sind die Spannung und die millionenteuren Spezialeffekte. Aber mehr will man auch gar nicht mehr sehen. Der Hype kommt also trotzdem...

Das Einzige, was heute noch ‚stimmen' muss, sind also wenige entscheidende Zutaten – und dann das Marketing, also Millionen Dollar teure Werbung. Dann strömt auch das Publikum – und alle Kosten kommen um ein Vielfaches wieder herein.

Im Grunde geht es um die Abspeisung der Menschen mit Spezialeffekten. Und es braucht nicht einmal eine Gehirnwäsche, denn die Menschen sind inzwischen so gut ‚erzogen', dass sie alledem schon von ganz *alleine* hinterherrennen...

*

Warum ist dies, speziell für Jungen, so *anziehend*? Warum läuft man den Spezialeffekten und Kämpfen, den Superhelden und krassen Actionfilmen derart hinterher? Wer setzt hier die Standards? Warum ist das so ‚angesagt'? Welche Gehirnwäsche findet hier statt? Oder ist es gar keine?

Hier kommen wir dem Begriff des ‚Coolen' wieder näher. Denn in all diesen Filmen gibt es gleich eine zweifache ‚Coolheit' – zum einen die ganzen Spezialeffekte, das, was passiert und was die Helden und Superhelden können, was sie ‚drauf haben'. Und zum anderen, dass sie dann noch eben wirklich cool *sind.*

Mit anderen Worten: Man begeistert sich an der Unterhaltung, wenn die Autos fliegen, die Scheiben splittern, die Geschosse pfeifen und so weiter und so fort. Und man möchte dies alles auch können – sich schießend durch ein Gemetzel bewegen, mitten im Salto das Ziel treffen können, auf Flugzeugen herumturnen (außen!) und so weiter, quasi unverwundbar sein. Und man möchte so *cool* sein. Wenn Andere sich schon bei einem kleinen Fehler in einem Referat fast in die Hose machen, möchte man selbst mit coolster Mine und völlig ohne Herzklopfen mal eben die Welt retten. Das wär' was...!

Das beschreibt ziemlich genau das Wesen von Coolness, zumindest im Actionbereich, aber auch ganz generell. Coolness bedeutet, nicht mit der Wimper zu zucken, wenn Andere sich in die Hosen machen ... oder zumindest Gefühlsregungen zeigen. Wo Andere einen trockenen Mund und ein etwas flaues Gefühl im Bauch bekommen, sagen können: ‚Hä? Das mach ich doch ständig...'

Es ist sehr verständlich, dass einen dies anzieht. Denn wer vor etwas Angst hat, fühlt sich unzulänglich. Jeder hat auch schon einmal Erfahrungen gemacht, in denen er sich auf die eine oder andere Weise gedemütigt fühlte oder aber sogar ganz objektiv gedemütigt *wurde.* Situationen, in denen man sich schwach, wehrlos, hilflos fühlte. Solche Erfahrungen reichen, um in der Seele einen ganz starken Wunsch nach *Stärke* aufkommen zu lassen, vielleicht sogar nach Macht, vielleicht sogar Allmacht...

Die Seele schwört sich gleichsam: ‚Das passiert mir nicht noch einmal.' Oder: ‚Das darf mir nicht noch mal passieren.' Und sie bewundert diese Filmhelden, denen das natürlich nie passiert, weil *sie* es sind, die alle Gegner niedermachen, ohne mit der Wimper zu zucken. ‚Ciao, Baby. Hättest du dich nur nicht mit mir angelegt...' Der coole Held geht immer als Sieger vom Platz. *Immer.*

*

Es ist sehr verständlich, dass insbesondere Jungen dies anzieht. Denn es sind ja fast immer männliche Helden – und das, was sie ausdrücken, gilt geradezu als Inbegriff des *Männlichen.* Der Held ist nur dann ein Held, wenn er ‚männlich' ist – im Sinne von durch und durch cool.

‚Männlich' ist man dann, wenn einen nichts umhaut. Früher waren die Indianer das Ideal, die sogar noch am Marterpfahl keinerlei Schmerz zeigten, weil dies zu ihrem Stolz gehörte. Das ist sprichwörtlich geworden: ‚Ein Indianer kennt keinen Schmerz.' Damit versuchten Eltern manchmal, ihren kleinen Jungen das Weinen zu verkürzen, wenn sie hingefallen waren und sich wehgetan hatten. Schon da, schon so früh, beginnt also die Erziehung zur ‚Schmerzlosigkeit' und zur Coolness. Keine Regung zeigen. ‚Du bist doch ein Junge!' Sagt das nicht schon alles...?

Heute aber reicht nicht einmal der edle Stolz des Indianers. Heute muss der Superheld seine Gegner sogar noch mit einem spöttisch-coolen Spruch in die ewigen Jagdgründe schicken. Berühmt ist das ‚Yippie-Ya-Yeah, Schweinebacke!' von Bruce Willis in ‚Stirb langsam' – das seitdem ungezählte Nachahmung gefunden hat. Der Indianer hat seinen Feind noch gehasst, hat ihn mit Genugtuung skalpiert und in wilder Kriegslust den Skalp in die Höhe gehalten. Der heutige Held verspottet den Gegner nach getaner Arbeit mit einem müden Lächeln...

Nicht der Indianer ist der Inbegriff des Coolen, sondern jener Held, der selbst dann nicht mit der Wimper zucken würde, wenn ihm der Erdboden unter den Füßen schwinden würde. Vielleicht würde er hundert Meter in die Tiefe stürzen, sich dann an einer zufällig irgendwo hängenden Wurzel festhalten können und in lässigster Ironie die Worte fallen lassen: ‚Da habe ich ja gerade noch mal Glück gehabt.'

*

Und wieder kommen wir dem ‚Coolen' näher. Denn auch dies gehört dazu – eine ganz bestimmte Art von ‚Humor', die genauso ‚cool' ist.

Man kann auch verstehen, warum sich dies so entwickelt hat – und zum Standard geworden ist. Dieser trockene Humor drückt eben mehr als alles andere aus, dass mich die Dinge ‚nicht tiefer jucken'. In jeder Lebenslage kann man noch eins draufsetzen. Die coolen Sprüche wurden *selbst* zu einem (weiteren) Ideal. Nun bewundert man auch noch die coole Phantasie, mit der den Helden oder Figuren fortwährend neue coole Sprüche einfallen – und natürlich die Coolness, mit der sie sie fallenlassen. Ein Wettbewerb ohne Ende, immer extremer. Sobald ein Standard gesetzt ist, muss er übertroffen werden – wie bei den Actionfilmen.

Man kann sich vorstellen, dass es irgendwann Actionfilme gibt, in denen sich Szene an Szene aneinanderreiht und wo ruhige Szenen völlig fehlen werden, weil das dann bereits als langweilig empfunden werden würde. Und die Helden werden Spruch an Spruch aneinanderreihen, weil sie ja gleich *nicht* mehr so cool wären, wenn sie auch nur ein paar Sprüche auslassen würden. – Man muss wirklich spüren, dass das die Tendenz ist und dass solche Standards eine Eigendynamik entwickeln, die kaum noch aufzuhalten ist. Denn dann meinen auch die Autoren und Regisseure, sie müssten in dieser Hinsicht immer *noch* besser sein und noch weiter gehen als alle zuvor. Und viele werden es cool finden und auf der Welle mitreiten – und der nächste geht *noch* einen Schritt weiter, und so weiter und so fort...

Als junger Mensch denkt man zunächst, alles war immer so, wie es jetzt ist. Aber alles *entwickelt* sich, und man sollte darauf aufmerksam werden und sich Gedanken machen, ob das gut ist – die *Richtung*, in die sich Dinge entwickeln.

Der coole, trockene, ja sarkastische Humor ist erst wenige Jahre alt. Auch wenn es fast eine Generation ist – aber eine einzige! Es begann allmählich mit Filmen wie ‚Ice Age', überhaupt mit der Animationstechnik. Auch Disney mischte in dieser Entwicklung ganz vorne mit. Aus warmherzigen Figuren wurden immer mehr coole, witzige Figuren, die sich die Herzen nicht so sehr mit ihrem Charakter eroberten (das vielleicht auch), als vielmehr mit ihren flotten, eben coolen *Sprüchen*.

Dies war wirklich eine Art Zeitenwende: Dass nicht mehr eine Souveränität nur eine selbstverständliche Begleiterscheinung einer Heldenfigur war, sondern dass das Coole *selbst* eine erstrebenswerte ‚Charaktereigenschaft' wurde.

Rocky Balboa erkämpft sich in dem Film ‚Rocky' (1976) als Boxer das Durchhaltevermögen noch auf ganz harte Art. Durchhalten. Schmerz ertragen. Im Grunde ohne Sprüche. Alles ist noch existenziell. Vom Tellerwäscher zum Millionär. Vom Niemand zum Boxchampion. ‚Die Hard' (‚Stirb langsam') kam dann 1988 in die Kinos. Ende der 80er Jahre begann diese Entwicklung also. Die Entwicklung von einem

Helden, der erst dadurch ein Held wird, dass er alles, wirklich alles selbst durchmachen muss ... hin zu einem Helden, der zwar auch alles durchmacht, aber diesen trockenen, spottenden Humor bekommt.

Die gleiche Entwicklung setzte in den Büchern ein, den Jugendromanen. Seit etwa den 90er Jahren muss alles immer cooler sein, trockener Humor – ohne das geht gar nichts mehr. Man hat das Gefühl, die Romanfiguren halten sich nicht für Menschen, wenn sie nicht in jeder zweiten Zeile einen trockenen Spruch fallen lassen. Oder der Autor glaubt nicht, dass irgendein Jugendlicher ein Buch lesen würde, in denen die jungen Menschen nicht fortwährend so miteinander umgehen würden. So setzen natürlich auch die *Autoren* Standards – und werden vielleicht ihrerseits getrieben von ihren eigenen Vermutungen über die jungen Menschen, weil ja überall Standards gesetzt werden.

*

Was man heute an Jugendromanen findet, zeigt die Reihe ‚Top Secret', in der Kinder in einer dem britischen Geheimdienst unterstehenden Organisation zu Agenten ausgebildet werden und Abenteuer erleben. Typisch sind dann Szenen wie die folgende aus Band 11 ‚Die Rache'. Dazu muss man wissen, dass die erwähnten Jungen Dante und Joe gerade mal acht (!) Jahre alt sind und in die vierte Klasse gehen. Sie haben schon eine Weile allein trainiert, da kommt ihr Trainer:

> „Zeigst du uns was Neues?", fragte Joe atemlos, setzte sich hin und ließ die Beine über den Rand des Ringes baumeln.
> „Kickbox-Übungen", sagte Teeth ernst.
> Die beiden Jungen stöhnten.
> „Aber das ist so laaangweilig", beschwerte sich Dante. „Zeig uns lieber was Cooles, so wie diesen Geheimgriff, von dem du uns erzählt

hast und mit dem du jemandem so auf den Hinterkopf geschlagen hast, dass ihm die Augen aus dem Kopf gefallen sind."

Das muss man sich wirklich vorstellen – dass solche Bücher auf ein Kinder- und Jugendpublikum losgelassen werden! Die gröbste Brutalität wird in diesen Büchern als etwas völlig Normales präsentiert. Selbst Kickboxen, also eine brutale Kampfart ohne alle Regeln, ist für diese kleinen, achtjährigen Kinder bereits zu *langweilig*. Und sie wollen Tricks und Griffe, die die Augen aus dem Kopf quellen lassen. Achtjährige! Und Acht- bis Vierzehnjährige lesen so etwas dann...

Was sollen diese lesenden Kinder und Jugendlichen sich dann vorstellen? Dass das spannend ist? Dass das cool ist? Dass es normal ist, so abgebrüht zu sein?

Tatsache ist ja, dass man beim Lesen so abgebrüht *wird*. Denn der Text übt natürlich eine Wirkung aus. Man kann nicht etwas lesen, ohne am Text abzustumpfen und sich an das zu gewöhnen, was dort als normale Realität beschrieben wird. Der Leser lässt sich auf einen Text immer ein. Und er wird von dem Text beeinflusst, in seinen ganzen Gefühlen und Gedanken geprägt. *Nach* einem solchen Buch ist man nicht mehr derselbe wie vor einem solchen Buch.

Etwas in einem ist danach abgestumpft.

Und sei es, dass man sich nur daran gewöhnt hat, solche Dinge, solche Schilderungen zu *lesen*. Das reicht schon. Schon dann ist man abgestumpft. Denn die natürliche Regung wäre, nicht fassen zu können, was da beschrieben wird. Es wird nämlich eine extreme Abstumpfung *beschrieben*. So weitgehend, dass man schockiert sein müsste – oder das Buch als völlig absurd zur Seite legen. Liest man aber weiter, beginnt die Gewöhnung einzusetzen. Man gewöhnt sich, akzeptiert es als geschilderte Normalität, gewöhnt sich, findet die Handlung vielleicht sogar spannend, gewöhnt sich, sympathisiert mit den Figuren, gewöhnt sich, fiebert mit ihnen mit... Auf jeder Seite tritt eine Gewöhnung ein. Man akzeptiert die Schilderung. Man akzeptiert den Inhalt des Geschilderten. Man akzeptiert diese enorme Abstumpfung – und stumpft *selbst* ab, bevor man es überhaupt merkt.

Was wäre, wenn man gar nicht ins Kino gehen müsste, um einen ungeheuren Kampf zu erleben – einen ungeheuren Kampf zwischen Gut und Böse, wie man ihn in ‚Harry Potter', in ‚Herr der Ringe', in ‚Avatar' oder anderen berühmten Filmen findet? Was wäre, wenn man sich nicht die ‚Tribute von Panem' ansehen müsste, um einem Kampf gegen das Böse zu erleben? Sondern wenn dieser Kampf real wäre – und man selbst mittendrin?

Und was wäre, wenn dieser Kampf längst real *ist* – und wir bereits selbst mittendrin *sind*? Nur selbst bisher nicht dafür erwacht, wie Neo im Film ‚Matrix'? Was wäre, wenn wir all diese Filme einmal vergessen sollten, um uns bewusst zu werden, was für ein Kampf längst *gegenwärtig* ist?

Was wäre, wenn eine geheimnisvolle Macht uns dazu bringen wollte, zu glauben, dass es überhaupt keinen Kampf gäbe? Wenn sie uns in Sicherheit wiegen wollte: Lebe ruhig so weiter, es ist alles in Ordnung, es ist gar nichts... *Was wäre, wenn es so wäre?*

*

Es könnte durchaus sein, dass eine solche geheimnisvolle Macht die Seele fortwährend träumen lässt, glauben, dass alles in Ordnung sei; dass man man selbst sei und sich in einer Welt bewegt, die eben so ist, wie sie ist. Eine Macht, die einen glauben lässt, dass man ganz man selbst sei und in seinen Entscheidungen frei, in seinen Gefühlen frei, in allem man selbst – während sie in Wirklichkeit ein unsichtbares Gift in einen einströmen lässt, das diese Illusion aufrechterhält, während dieses Gift uns fortwährend *verändert*. Uns immer weniger uns selbst sein lässt. So sehr, dass man sehr bald völlig vergessen hat, wer man *eigentlich* sein könnte...

Was wäre, wenn es eine solche geheimnisvolle Macht gibt und diese schon längst am Wirken ist?

Und wenn die Welt nicht einfach nur die Welt ist und man selbst in ihr, sondern wenn diese scheinbar ruhige und friedliche, wenn auch nicht immer schöne Welt in Wirklichkeit ein unglaublicher, ein gigantischer, aber in seinem tieferen Wesen unsichtbarer *Kampf um die Seele des Menschen* ist?

Dann würden wir also nicht in einer Welt leben, die ruhig und friedlich ist und uns allen Raum lässt, Spaß zu haben, zu ‚chillen' und so weiter – sondern es wäre ein unsichtbarer, in seiner Gewalt geradezu unfassbarer Kampf im Gange, in dessen Mittelpunkt wir selbst stünden ... und dies ganz ohne es zu wissen, zunächst...

Mögen die Spiele beginnen... Möge die Seele langsam erwachen. Für den Kampf, den Krieg, in dem sie *wirklich* steht.

*

Es gab eine Welt, da lebte alles in Frieden miteinander. Es gab Treue, es gab Gefährten, es gab Wohlwollen untereinander. *Jeder* war im Grunde Gefährte und Gefährtin des anderen, niemand wollte jemandem etwas Böses, weil man dieses Gefühl gar nicht *kannte*. Selbst wenn man es gekannt hätte, hätte man es mit aufrichtigem, tiefem Abscheu von sich gewiesen, aus seinem Herzen verbannt...

Eine Welt war dies, in der man in einem tiefen Frieden, der von einem *selbst* ausging, von jedem Einzelnen, mit allem zusammenlebte – auch mit den anderen Wesen, die nicht so weit waren, wie man selbst, den Tieren, den Pflanzen, ja sogar den Steinen. Man erkannte das Wesen des Anderen, man fühlte sich mit ihm verbunden und war ihm in Liebe, in warmer Zuneigung innig zugetan. Nichts konnte diesen Frieden zerstören, er war unzerstörbar, weil er aus dem Herzen hervorging. Aus *jedem* Herzen...

In dieser Welt waren Gefühle wie Hass und Ärger in allertiefstem Sinne unnötig, ja, sie verloren jeden Sinn. Wenn sie dagewesen wären, hätte man sich gefragt, was dies solle, man hätte sich selbst als *krank* empfunden und gehofft, dieses Gefühl wieder abschütteln zu können. Wie ein Krebsgeschwür hätte es sich angefühlt – und man hätte nicht eher geruht, bis man wieder *frei* davon gewesen wäre, befreit. Solche Gefühle wären empfunden worden als etwas Dunkles, Böses, was sich in die Seele *einschleichen* möchte, um sich in ihr festzusetzen, wie ein Fremdkörper, der die Seele dann von innen aushöhlen möchte. Wie eine Krankheit, die langsam das Leben der Seele zu ersticken versucht. Entsetzt hätte man sich vor solchen Gefühlen – und alles dafür getan, wieder frei von ihnen zu werden, weil man sie nicht als seine eigenen empfunden hätte. Weil man erkannt hätte, dass es *nicht das Eigene* ist, was da eindringt...

Aber die Zeit verging – viel, viel Zeit. Und die fremde Macht wurde stärker. Und die Wesen, die ,Mensch' sein sollten und die das Menschliche durch die Reinheit ihres Herzens zutiefst wahrmachten und offenbarten, wurden schwächer. Sie wurden nicht eigentlich schwächer, aber sie waren der bösen Macht immer weniger gewachsen, denn diese hörte mit ihren Angriffen nicht auf, sie hielt sie pausenlos und unerbittlich aufrecht – und sie wurde stärker.
Und irgendwann *brach* die fremde Macht die Widerstände der Herzen, brach durch diese Widerstände hinweg ein in die Herzen und nistete sich ein. Da, wo vorher leuchtende Reinheit gewesen war, Treue, Vertrauen, Liebe, Zuneigung – da nistete jetzt noch etwas anderes. Etwas Dunkles. Und nun begann es, von *innen* zu wirken...

Und langsam, langsam, wiederum über eine lange, sehr lange Zeit ... vergaß das Wesen, das Mensch genannt wurde, dass dies nicht das Eigene war. Allmählich betrachtete er es als das Eigene. Nun *waren* es ‚seine' Gefühle...

Wo vorher Liebe gewesen war, war nun Gleichgültigkeit, denn die fremde Macht hatte im Herzen und in der Seele des Menschen alles aufgefressen, vernichtet, aufgelöst, unterdrückt, eingesperrt, was ihrem eigenen Wirken im Wege stand. Wo vorher Treue gewesen war, war nun Untreue, war ebenfalls Gleichgültigkeit, Unverbindlichkeit. Wo Vertrauen gewesen war, herrschte jetzt Misstrauen, Vorsicht, distanzierte Zurückhaltung. Und wo Gefährten und Gefährtinnen miteinander gelebt hatten, lebten jetzt ... *Fremde* nebeneinanderher.

Wo tiefer Frieden und innige Harmonie geherrscht hatten, herrschte nun Gleichgültigkeit, herrschten Missverständnisse, Zwist, Disharmonie, Streit, Krieg. Wo es liebevolle Worte gegeben hatte, herrschten nun gleichgültige und kalte, harte Worte. Wo warmes Interesse gelebt hatte, wirkte jetzt Desinteresse. Wo man sich gegenseitig geholfen hatte, rührte man nun keinen Finger. Die einstmals warme Seele des reinen, liebevollen Wesens ‚Mensch' war in jeder Hinsicht *erkaltet*.

*

Es nützt nun gar nichts, dies einfach nur zur Kenntnis zu nehmen – denn man wäre noch immer kein anderer Mensch, als man es eben ist. Man würde noch immer die fremde Macht als die eigene empfinden. Aber wenn man diese ‚Geschichte' nicht gleich als abstrus abtun würde, wäre zumindest ein Anfang gemacht...

Dieser Anfang besteht in einem Aufwachen – einem Aufwachen, das sehr radikal werden kann. Es reicht dafür schon, diese ganze ‚Geschichte' als bloße *Möglichkeit* anzusehen. Man braucht zunächst nur anzunehmen, dass sie wahr sein *könnte* – das reicht schon für dieses erste Aufwachen.

Und wenn man an diesen Punkt gekommen ist, wo man nicht einfach vor sich hinlebt, völlig gedankenlos, sondern wo man erkennt, dass *alles möglich* ist, dass auch diese ‚Geschichte' *wahr* sein könnte ... hat man einen Punkt erreicht, wo einen das Nachdenken nicht mehr loslässt. Den Aufwachpunkt. Von da an kann man nicht mehr völlig einschlafen. Man wird immer wissen, dass diese ‚Geschichte' wahr sein könnte. Man wird immer wissen, dass die eigene Seele ein *Kampffeld* sein könnte. Und schon dieses Wissen hat etwas Grundsätzliches verändert.

Denn die dunkle Macht kann sich nun nicht mehr verstecken – nicht mehr völlig.

*

Aber woher soll man nun *wissen*, ob dies wahr ist?

Die erste Frage ist: Warum will man es überhaupt sicher wissen? Was würde passieren, wenn man sich nur sicher wäre, dass es eine *Möglichkeit* sein könnte? Was wäre, wenn zum Beispiel das Herz in dieser Frage etwas wissen könnte, die dunkle Macht es aber geschafft hat, das Herz so schwach zu machen, dass auch sein Wissen nicht mehr deutlich ist, vor allem aber nicht mehr wahrgenommen werden kann, weil die Seele dazu gebracht wurde, ganz mit dem *Kopf* zu denken? Und was wäre, wenn die dunkle Macht dieser Seele und diesem Kopf den Zweifel eingeflößt hätte? Den Zweifel, der immer alles ganz genau und bewiesen wissen will – und es dann noch immer nicht glauben würde... Was wäre, wenn die Macht dieser dunklen Macht schon so weit ginge, dass es gar nicht mehr sicher wissbar ist – weil die dunkle Macht selbst alles Sicher-Wissen, bereits die Fähigkeit dazu, schon zu sehr ausgelöscht hätte...? Dann wäre die einzige Hoffnung, es erst einmal zu *glauben* – um dann zu hoffen, dass es Wege gibt und man diese finden kann, die einen wieder zu einem sicheren Wissen zurückführen könnten...

Aber das Bedürfnis danach, etwas sicher zu wissen, ist wesentlich mehr, als man zunächst meint. In der Seele lebt eine tiefe Sehnsucht nach *Wahrheit*. Das Bedürfnis, etwas sicher zu wissen, ist eine Offenbarung dieser Sehnsucht. Diese Sehnsucht aber ist etwas Heiliges. Denn die Wahrheit ist immer, wie sie ist – und die Sehnsucht nach Wahrheit ist ebenso bedingungslos. Es ist eine reine, eine heilige Sehnsucht der Seele. Sie sehnt sich nicht nach Lüge, sie sehnt sich nicht nach einer ‚für *sich* angenehmen‘ Wahrheit, sie sehnt sich nach *der* Wahrheit.
Dies ist etwas, was die dunkle Macht der Seele nicht nehmen konnte – noch nicht. Die Sehnsucht nach Wahrheit... Auch wenn die Seele noch nicht weiß, ob es diese dunkle Macht gibt, weiß sie zumindest schon so viel, dass ihre Sehnsucht nach Wahrheit *nicht* zu dieser dunklen Macht gehören kann. Die dunkle Macht würde der Seele nie eine Sehnsucht nach Wahrheit einpflanzen, immer nur das Gegenteil...

Aber sie könnte der Seele ihre Sehnsucht nach Wahrheit immer mehr nehmen. Dann würde die Seele sich nach der Wahrheit gar nicht mehr sehnen. Sie würde sich immer mehr sagen: ‚Ach, Wahrheit – was ist schon Wahrheit? Das gibt es doch überhaupt gar nicht. Und wenn, kann ich sie sowieso nie wissen. Es ist doch eh alles egal...‘
Was die dunkle Macht also kann, ist, der Seele ihre *Sehnsucht* zu nehmen. Ihren lebendigen Glauben an die Wahrheit

und ihre lebendige Sehnsucht danach. Es ist fast so etwas wie der *Lebenswille* der Seele, den die dunkle Macht auslöschen möchte. Denn wenn die Seele sich nicht einmal mehr nach der Wahrheit sehnt – wie sehr lebt sie dann eigentlich noch...

Die dunkle Macht möchte in der Seele alles Heilige auslöschen. Alles *heilige* Leben der Seele soll nicht mehr da sein, das Andere – das, was *sie* der Seele einflößt – kann bleiben, aber nicht das Heilige. Und die Sehnsucht nach der Wahrheit gehört dazu. Sie muss ausgelöscht werden, aufgesaugt, so sehr geschwächt, bis sie nicht mehr da ist...

*

Die dunkle Macht möchte das Gute vernichten – die ursprüngliche Seele des Menschen wollte *nur* das Gute, in aller, unglaublicher Ausschließlichkeit. Sie *kannte* nur das Gute – und alles andere empfand sie als fremd, nicht zu ihr gehörig. Dann kam die dunkle Macht – und pflanzte auch das andere in die Seele, so lange, bis diese sich nicht mehr wehren konnte und sich dieses andere *einnistete*.

Die Seele muss noch immer nicht wissen, ob dies wahr ist, aber was sie sicher weiß, ist, dass sie das *Gute* liebt. Zwar *tut* sie es nicht immer, aber sie liebt es. Sie liebt es, das Gute zu sehen, sie fühlt sich diesem Guten innig verwandt, zu ihm hingezogen, sie liebt Filme, in denen das Gute siegt, sie würde über Filme erschrecken, in denen das Böse siegt. Sie möchte selbst gut *sein*.
Die innige Zuneigung der Seele zu dem Guten ist eine weitere Sicherheit und Wahrheit.

Das Erste, was die Seele sicher wissen konnte, war, dass sie eine Sehnsucht nach der Wahrheit hat. Das Zweite ist nun, dass sie eine Sehnsucht nach dem Guten hat. Diese zweifache

Sehnsucht lebt in ihr, gehört zu ihrem Wesen. Das ist eine *Wahrheit*, die die Seele unmittelbar erkennen kann. In ihr leben die Sehnsucht nach Wahrheit und die Sehnsucht nach dem Guten. Mit beidem ist sie innig verbunden – und sie verabscheut, wenn sie tief und aufrichtig fühlt, noch immer das Gegenteil.

Bis hierhin haben wir ein *sicheres Wissen*. Das ist wichtig zu erkennen. Auch wenn die Seele alles Übrige bezweifeln kann, *dies* fühlt sie unmittelbar. Sie liebt die Wahrheit und sie liebt das Gute. Sie weiß noch immer nicht, woher das andere kommt – aber dass sie zur Wahrheit und zu dem Guten eine *Liebe* hat, das weiß sie.

*

Es gibt aber noch eine dritte Sehnsucht und Liebe, die die Seele auch als sicher in sich erkennen und finden kann, und das ist die Liebe zum *Schönen*. Die Seele liebt Schönheit, sie fühlt sich auch zu ihr hingezogen und ihr innig verwandt. Die Seele hat eine tiefe Sehnsucht nach Schönheit – und verabscheut das Hässliche, wird von diesem abgestoßen.

Die einzige Ausnahme, die es von dieser Wahrheit gibt, ist, wenn das Hässliche von etwas anderem überwunden wird. Denn die Seele kann fühlen, dass etwas äußerlich hässlich sein kann, dass es aber für diese Hässlichkeit gar nichts *kann*. Die Seele kann ein *inneres* Erleben über dasjenige stellen, was sie äußerlich erlebt. Und so kann sie etwa mit einem verwahrlosten Obdachlosen oder aber mit einem von einer Krankheit entstellten Menschen ... *Mitleid* haben.

Mitleid ist vielleicht die heiligste Fähigkeit und seelische Regung, die es auf der Welt und im ganzen Weltall überhaupt gibt. Mitleid stellt die *Liebe* zu einem anderen Wesen über alles andere. Dieses andere Wesen kann gelogen haben, es kann hässlich sein, es kann schlimme Dinge getan haben – und man kann dennoch Mitleid haben, und damit ist alles andere aufgehoben. Nicht ungeschehen, aber in diesem Moment weniger wichtig als die dennoch empfundene Liebe, die Mitleid wirklich ist.

Und auch hier sehnt sich die Seele innig nach Schönheit – und zwar nach der Schönheit der *Seele*. Sie sieht das Hässliche, aber sie weiß, dass auch dies ein *Mensch* ist. Und dann verschwindet das äußere Hässliche gegenüber der Empfindung, dass dies eigentlich völlig unwesentlich ist, weil der Obdachlose, weil der Kranke sogar *mehr* Liebe braucht als jeder andere. Oder sie sieht sogar die Hässlichkeit der Taten eines Menschen – Lüge, böse Taten oder was auch immer – und kann trotzdem Mitleid haben, weil sie sich danach sehnt und daran *glaubt*, dass in dieser Seele noch etwas anderes lebt – oder leben könnte. Das ist das tiefe Wunder des Mitleids. Ein tiefer Glaube und im Grunde eine tiefe Liebe zum anderen Menschen, einfach weil er *Mensch* ist...

*

Im Grunde müsste man bei diesen drei Erkenntnissen einmal sehr, sehr lange verweilen – um zu lernen, tief zu spüren, wie *sehr* sie mit dem Inneren der Seele und ihrem wahren Wesen verbunden sind. Sie können vom alltäglichen Leben verdrängt werden, aber im Innersten der Seele sind sie gleichsam heilig lebendig *anwesend*.

Die Sehnsucht nach dem Wahren, nach dem Schönen und nach dem Guten. Die *Liebe* zur Wahrheit, zur Schönheit und zum Guten. Da, wo diese Empfindungen in der Seele leben, da ist die Seele mit ihrem reinen, heiligen Teil eins, und hier hat die geheimnisvolle böse Macht keinen Zugriff. Diese

Macht kann jene heiligen Empfindungen unendlich geschwächt haben. Das aber, was noch *da* ist, gehört zu einem heiligen Bereich der Seele.

Aber jetzt kommt die dunkle Macht und schwächt es *trotzdem*. Wenn man ein Unrecht sieht, einen zu Unrecht Beschuldigten, und man weiß, man handelt sich Ärger ein, wenn man auf die Wahrheit hinweist... Was tut man dann? Richtet man sich danach, wie wichtig der zu Unrecht Beschuldigte einem ist? Ob es ein Freund ist? Oder hat man den Mut, es in jedem Fall zu tun – einfach, weil es um die *Wahrheit* geht? Oder ist einem dies weniger wichtig, als eigenen Ärger zu vermeiden? Geht man darüber hinweg und sagt sich: ‚Das geht mich ja eigentlich nichts an...'? Mit anderen Worten: Beruhigt und betrügt man sein Gewissen, um es für sich angenehm zu haben? Das kann man tun – aber das Gewissen spricht dennoch eine andere Sprache...

Dem zu Unrecht Beschuldigten beizustehen, indem man auf die Wahrheit hinweist, wäre in diesem Fall zugleich das *Gute*. Denn es geht nicht nur um eine theoretische Wahrheit, es ist ein Mensch betroffen, der zu Unrecht beschuldigt wird. Aber immer, wenn sich innere Hemmungen zeigen, für die Wahrheit und auch das Gute einzutreten, ist es dieselbe Macht, die der Seele einflüstert, es wäre doch auch gar nicht so wichtig. Der Andere könnte sich doch selbst helfen, und es gehe einen doch gar nichts an. – Es gibt eine Macht, die uns daran hindern will, den *heiligen* Teil der Seele wirklich zu hören. Dieser wird dann von der anderen Stimme schlicht und einfach übertönt.

Dieses Übertönen kann unendlich viele Gestalten annehmen. Es geschieht aber *immer*. Fortwährend. Dieser reine Teil der Seele wird immer schon übertönt. Vielleicht hören wir ihn trotzdem. Aber es spricht immer noch etwas anderes. Und auch dem heiligen Teil wurde schon unendlich viel Kraft *genommen*. Die dunkle Macht war bereits sehr erfolgreich.

*

Die Gegenmacht hat ein grandioses Mittel, um ihre Ziele zu erreichen. Sie erfindet *neue* Ziele – neue Ziele, die der Seele viel *wichtiger* werden als ihr langweiliger, lächerlicher, anstrengender heiliger Teil. Sie hat ihre Ziele im Grunde bereits erreicht, wenn die Seele es so zu sehen beginnt. Wenn sie beginnt, ihr heiligstes, innerstes Wesen selbst zu verachten und geringzuschätzen. Dann ist die dunkle Macht am Ziel...

Versuchen wir einmal, uns dies bei einem Helden oder einer Heldin vorzustellen. In dem Film ‚Wonder Woman' (2017) kann die Heldin das Verhalten der Menschen einfach nicht begreifen, sie ist erschüttert, als sie mit der Erscheinung des Krieges konfrontiert wird. Sie hat zwar selbst auch kämpfen gelernt, aber nie zuvor erlebt, was Menschen einander antun. Sie ist bis ins Innerste entschlossen, diesem Furchtbaren ein Ende zu machen – weil sie eine tiefe Sehnsucht nach dem Gegenteil hat.

Aber nun stellen wir uns vor, wie aus diesem leuchtenden Innenleben, das gerade die Heldin ausmacht (neben ihrer Kraft), von einem Moment zum anderen etwas anderes wird. Wie ganz plötzlich dieser Heldin einfallen würde: ‚Ach, ich möchte jetzt eigentlich doch lieber die Füße hochlegen. Tschüss, ich hau ab – macht, was ihr wollt.'

Das ist nicht witzig gemeint. Diesen Umschwung sollte man einmal tief, tief empfinden. Die Seele ist schon beim Lesen dieser Worte, obwohl sie nur ein Gedankenexperiment sind, unendlich *enttäuscht*. Dies darf niemals passieren. Eine Superheldin würde nie so denken. Nie! Die Seele weiß das. Sie trägt ein tiefes, tiefes Ideal von einer solchen Heldin in sich.

Aber gerade das *ist* das Ideal einer solchen Heldin, das in unserer Seele lebt: Dass sie das Wahre, Schöne und Gute verteidigt und sich dieser Aufgabe mit *allem* hingibt, was sie hat. Mit allem Mut, mit aller Kraft und ohne das kleinste ‚Ach nö, heute will ich mal nicht.' – Es gibt Superhelden, die selbst so was sagen würden, denn der trockene Humor ist selbst hier eingedrungen, aber sie würden es dann *dennoch* tun. Super Woman dagegen würde so etwas nicht einmal *denken*.

Aber was bedeutet das? Es hat eine sehr große Bedeutung, und in den Helden tritt dies klar hervor. Wir lieben Helden deshalb so sehr, *weil* wir dies an ihnen erleben. Aber was ist das? Was erleben wir an ihnen?

Wir erleben bedingungslosen Mut. Aber nicht immer, Helden können auch Angst haben, wenn es nicht gerade Superhelden sind. Aber wir erleben bedingungslose *Treue*. Treue zu was? Treue zu genau diesem – zu dem Wahren, Schönen und Guten. Bedingungslose Liebe zum Guten. Eine Treue, die sogar die eigenen Ängste überwindet. Eine Treue, der es überhaupt nicht um einen selbst geht – sondern in der man zu einem treuen Kämpfer für das Gute wird.

Das sind Helden. Treue Kämpfer für das Gute gegen alle Angriffe der Gegenmächte...

*

Und jetzt kommt die Gegenmacht – und ersinnt eine teuflisch raffinierte *andere* Strategie. Denn sie weiß, dass sie mit dem unmittelbar Bösen nicht weit kommt. Sie weiß, dass in jeder Seele ein Held, eine Heldin steckt – und dass sie mit dem un-

mittelbar Bösen auch einen unmittelbaren Widerstand auf-
rufen würde. Also verwandelt sie ihre Taktik in etwas viel
Teuflischeres, viel Gemeineres, viel Verborgeneres. Zuerst
muss sie den *Widerstand* von innen aushöhlen. Erst dann
wird sie ihre eigentlichen Ziele verfolgen...

Szenenwechsel. Es läuft eine Werbung für Coca Cola oder
was auch immer. Lauter glückliche Menschen – glücklich,
weil sie Spaß haben, weil sie ‚chillen', weil sie einfach cool
‚das Leben genießen'. Das ist die *Botschaft*. Jede Werbung
hat eine Botschaft – und diese Botschaft soll sich möglichst
unbemerkt in die Seele einschleichen. Das Ziel ist es, dass die
Seele diese Botschaft *aufnimmt* und dass sie das Produkt mit
dieser Botschaft verbindet.
Die Menschen, die mit diesem Produkt möglichst viel Geld
machen wollen, haben ihr Ziel erreicht, wenn die Botschaft
‚ankommt', wenn die Seele sie aufnimmt und unbewusst das
Produkt damit in Verbindung bringt. ‚Wenn ich Cola trinke,
fühle ich mich gut.' ‚Cola trinken ist cool. Menschen, die Cola trinken, sind cool, sind spontan und haben Spaß.'
So funktioniert Werbung. Es ist Gehirnwäsche auf einem
scheinbar ganz ungefährlichen Niveau – dafür aber nicht weniger wirksam. Zuckerwasser schmeckt doch plötzlich ungleich viel besser, wenn man weiß, dass es *cool* ist, Cola zu
trinken... Etwas braucht nur ein Image, und schon verkauft es
sich. So macht man Zuckerwasser zu Geld...
Es ist ja nicht ohne Grund, dass mächtige Weltkonzerne immer wieder Millionen Dollar in die Werbung pumpen, um in
die Gehirne und in die Seelen einzudringen. Sie wollen einen
festen Platz in diesen Seelen haben. Unauslöschlich soll es
sich in diese Seelen einprägen: Mit *diesem* Produkt bist du
cool, bist du spontan, bist du du selbst. Kaufe es und genieße
es – und du bist mehr du selbst als jemals zuvor...

Man muss sich dies einmal in aller Ruhe und Sorgfältigkeit klarmachen: *Millionen* werden dafür ausgegeben – unglaublich viel Geld, was in den Augen der Konzernchefs und Werbemanager nicht etwa verschwendet ist, sondern sehr, sehr gut angelegt, weil es unglaublich erfolgreich die Seelen manipuliert und auf diesem Wege viel, viel mehr Geld einbringt, als ausgegeben wurde...

Denn die Menschen mit diesen Seelen, in denen sich unbemerkt die Botschaft festgesetzt hat, gehen brav in die Supermärkte und kaufen genau dieses Zuckerwasser, bestellen es im Restaurant und so weiter. Und warum? Weil es cool schmeckt. Weil man das Image mittrinkt – das, was sich als Vorstellung in die Seele eingenistet hat. Dieses Coole. Die Werbung ist cool, ich bin cool. Und selbst wenn man die Werbung nicht kennt: Es trinken ja *alle*. Schon deshalb ist es cool. Und *warum* trinken es alle? Wieder ist irgendetwas auf geheimen Wegen ein Standard geworden...

Aber das ist nicht einmal das Schlimmste. Man fühlt sich ja doch relativ frei bei der Frage, was man trinkt, was man anzieht und so weiter. Man *müsste* es ja nicht. Man könnte ja auf die Konkurrenzmarken ausweichen, die ähnlich cool sind, auch noch immer cool genug... So frei ist man immerhin – wie ein Kanarienvogel, an dessen Fuß ein langes Kettchen festgemacht ist. Natürlich – die Konzerne sind nicht sehr froh, wenn man sich für den Konkurrenten entscheidet. Aber vielleicht gehört die andere Marke dem gleichen Konzern? Und selbst wenn nicht: für *irgendeine* Marke entscheidet man sich. Und für die Konzerne gilt dann: ‚Es bleibt alles in der Familie...' Hauptsache, man hat die Seelen *generell* gefangen. Wenn man sich den Riesengewinn teilen muss, ist dies dann auch egal. Die Welt ist ja groß – es gibt unendlich viele Menschen, die von der *eigenen* Werbung erreicht wurden.

Man kann sogar meinen, dass man sich nach der Werbung überhaupt nicht gerichtet hat. Aber das muss man nicht einmal. Es reicht, wenn man *irgendwie* darauf kommt. Aber die Geschäfte und Restaurants und so weiter müssen es ja überhaupt erst einmal anbieten. Werden sie etwa ein No-name-Getränk anbieten, das so *ähnlich* wie Cola schmeckt, aber eben keinen ‚Namen' hat? Nein, das werden sie nicht, denn sie erwarten aus gutem Grund, dass sich dafür niemand interessieren würde. Irgendeine billige ‚Club-Cola'? Es wäre ja total *uncool*, so was zu trinken. Egal, ob man meint, man richte sich nicht nach der Werbung – nach der Marke richtet man sich sehr wohl. Und so haben die Konzerne einen auf welchem Wege auch immer doch an der Kette. Wie den Kanarienvogel...

Aber wie gesagt – das ist nicht einmal das Schlimmste. Das Schlimmste ist nicht das Produkt. Das Schlimmste ist die Botschaft.

Erinnern wir uns, dass die dunkle Macht einen teuflischen Plan brauchte, um uns vergessen zu lassen, was *Helden* sind – und dass jeder Einzelne von uns etwas in seiner Seele trägt, was ihn zu einem Helden, zu einer Heldin machen würde. Die bedingungslose, starke Liebe und Treue gegenüber dem *Guten*. Ein Held, eine Heldin lassen sich nicht erschüttern von Schwierigkeiten – denn sie kämpfen für das *Gute*. Sie denken nicht an sich, sie flüchten nicht vor Anstrengungen oder gar Gefahren, sie sind in keinem Augenblick für etwas zu bequem oder zu faul. Sie denken nicht an sich, sondern an das Andere – was Hilfe braucht; Beistand braucht; was aus Unwahrheit und Lüge, aus Gewalt, Armut oder Einsamkeit *gerettet* werden muss, gerettet zu werden hofft, wenn es wüsste, dass ein solcher Retter in der Nähe ist... Das sind Helden und Heldinnen. Es sind *mutige Seelen*, die nicht an sich denken, sondern an den Anderen. Die eine Liebe zum Anderen haben, weil sie eine Liebe zum Guten haben.

Diese mutigen Seelen... Stellen wir uns vor, sie haben eine Not *gesehen* – und nun, während sie auf dem Weg dorthin sind, um zu helfen, treffen sie jemanden, der sie gleichsam abhält und der eigentlich *mit*kommen, *mit*helfen könnte, der aber sagt: ‚Äh, nein, also ... es läuft da gerade eine coole Serie, ich ... hab gerade keine Zeit...' Was würde eine Heldinnenseele da empfinden? Sie würde es nicht *verstehen* können – nicht verstehen können, dass einem dies auch nur irgendwie wichtiger sein könnte als das Helfen in der Not, die man doch gesehen hat...

Aber das unterscheidet offenbar Helden von gewöhnlichen Seelen. Helden haben den Mut, ihr Eigenes hintanzustellen. Sie haben die Kraft dazu. Sie haben den Willen dazu – den starken Willen. Denn sie haben eine *Liebe zum Guten*. In ihnen lebt nicht eine Liebe zur Bequemlichkeit und zum angenehmen ‚Genuss' und ‚Spaß', sondern eine Liebe zum *Guten*. Und das Gute ist, wenn die Seele Not und Hilfsbedürftigkeit *empfinden* kann – und in ihr unmittelbar der Wille zum Helfen lebt. Das ist das Gute – und das sind die Seelen der Helden...

Aus nichts anderem sind auch die Romane, die Filme, all das, in dem es immer wieder um den Kampf zwischen Gut und Böse geht. Das Gute ist immer die Liebe zum Guten – die Liebe zum Helfen. Treue, Vertrauen, Freundschaft, Hilfe, ohne die kleinste Bequemlichkeit, *immer* zu allem bereit. Gemeinsame – oder auch einsame – Kämpfer für das Gute. Das sind Helden. Helden sind *Gefährten*. Wenn sie nicht einander Gefährten sein können, gemeinsam mit anderen Helden, dann sind sie Gefährten der Einsamen, der Notleidenden, der Hilfebedürftigen... Sie sind Retter in der Not. Engel, wo niemand sonst mehr hilft. Es sind einsame Liebende des Guten. Es sind Helden...

Aber nun – wieder ein Szenenwechsel. Über die Kinoleinwand flimmert die Werbung. Glückliche Menschen, die gerade etwas Cooles machen oder erleben. Dazwischen ein Produkt, um das es nebenbei auch geht. Aber vor allem die fortwährende *Botschaft*. Die Botschaft, die sich in diesem Werbespot ausdrückt. Und im nächsten. Und im nächsten. Ohne Widerstand sickert sie ein in die Seelen, denn es ist immer die gleiche, und man ist sie schon so lange gewohnt, hat sie schon längst so unglaublich verinnerlicht. Und doch *erneuert* sie sich auf diese Weise ständig. Eine einzige Botschaft. Immer wieder.

Hab Spaß...! Sei du selbst... Sei so cool wie wir. Genieße dein Leben. Mach, wozu du Lust hast. Sei Teil des Ganzen. Komm – finde deinen Style und mach mit... Auch *du* kannst zu uns gehören. Fang einfach an, so cool zu sein wie wir – und du gehörst dazu...

*

Vielleicht fragt man sich, was daran überhaupt negativ sein sollte? Es ist doch derart gewohnt und klingt doch eigentlich derart positiv, dass man gar nicht weiß, was man ‚dagegen‘ haben sollte. Soll man etwa nicht ‚man selbst‘ sein? Will es einem etwa jemand *verbieten*?

Man sieht – die dunkle Macht hat gewonnen. Sie hat ihr Ziel erreicht. Sie hat uneingeschränkt gewonnen, denn man *bemerkt* sie nicht einmal. Sie kann sogar mit dem Positivsten arbeiten, um *ihre* Ziele zu erreichen. Und *das* ist wirklich teuflisch: Etwas Positives zu benutzen, um die eigenen dunklen Ziele zu verfolgen... Etwas Gerisseneres kann man sich gar nicht ausdenken. Dies ist das sicherste Mittel, das eine dunkle Macht wählen kann: Ihre Wege im Gewande des scheinbar ganz und gar Positiven zu verfolgen. Denn was passiert dann? Dann nehmen ihre Opfer das Gift ganz und gar freiwillig zu sich. Sogar noch *gern*...

So haben sich auch die bösen Zauberinnen und Zauberer in den Märchen immer in andere Gestalten verkleidet: in schöne Frauen oder harmlose Männer – um dann in *dieser* Gestalt die Heldinnen und Helden zu verführen. Um sie mit einem Bann belegen zu können, unschädlich zu machen, aus dem Weg zu räumen. Denn wenn die Prinzessin glaubt, dass ihr eine gute Fee begegnet, nimmt sie ja gern die ihr überreichte Gabe, nicht ahnend, dass sie *vergiftet* ist.

Ja – es *soll* jeder ein ureigener Mensch werden, ein Individuum, eines, das unbeirrt *seinen* Weg geht, den ureigenen, einen, der nur zu diesem einen Menschen gehört.
Das ist das *Gute*. Jenes Gute, das sich nicht auf einen anderen Menschen bezieht, sondern auf einen selbst. Wenn es gute Mächte gibt – Mächte, die eben gerade mit diesem verbunden sind: mit dem Wahren, dem Schönen und dem Guten –, dann gehört *dies* dazu. Es sind die guten Mächten, die wollen, dass jeder Mensch ein ureigener wird, ein unverwechselbarer, einer mit einem einzigartigen eigenen Weg. Das ist das, was die *guten* Mächten wollen.

Aber – in ‚Dornröschen' hatte auch die böse Fee noch einen Wunsch hinzugefügt. Weil sie nicht geladen war, verfluchte sie das neugeborene Mädchen. Und weil sie ihm nicht den Tod wünschen konnte, vergiftete sie es auf andere Weise: Es sollte in einen tiefen, tiefen Schlaf fallen...
Auch wir befinden uns gleichsam in diesem Märchen, mittendrin in diesem Geschehen. Denn auch in uns hat die böse Macht etwas in den Schlaf gezwungen – nämlich gerade die Prinzessin, den heiligen, reinen Kern unserer Seele, der einst hätte das Königreich erben sollen. Die guten Mächte haben dieser Prinzessin das Leben geschenkt. Aber die dunkle

Macht hat es vergiftet – und sein wahres Wesen einschlafen lassen. Der Held, die Heldin, ist eingeschlafen – und etwas Vergiftetes ist übriggeblieben...

‚Hab Spaß...! Sei du selbst... Sei so cool wie wir. Genieße dein Leben. Mach, wozu du Lust hast. Sei Teil des Ganzen. Komm – finde deinen Style und mach mit... Auch *du* kannst zu uns gehören. Fang einfach an, so cool zu sein wie wir – und du gehörst dazu...'

Das ist die vergiftete Botschaft, die ununterbrochen in die Seelen geträufelt wird, um dort ihr vergiftetes Leben zu entfalten. Das ist das unsichtbare, unerkannte Gift, das fortwährend die Prinzessin vergiftet und einschläfert – den Helden in uns, ihn in einen tausendjährigen Schlaf versetzend. Unser wahres Ich – es darf nicht zum Leben kommen. Das ist das Ziel dieser dunklen Macht, die ihre Botschaft tausendfach verbreitet, millionenfach. Wir sind mitten in einem ungeheuren Kampffeld – und wir haben den Kampf immer schon verloren.
Noch... Wir sind gerade dabei, von dem Gift zu erwachen, noch völlig benommen, aber doch verwirrt um uns schauend – was ist geschehen? Was passiert hier eigentlich?

*

Es ist eigentlich fast nicht möglich, mit einem *Buch* die dunkle Macht zu bekämpfen. Denn das Buch müsste ebenso in die Seele hineinwirken wie das Gift – und dort die Wirkung des Giftes wieder langsam aufheben. Ein Heilmittel müsste es sein, ein zaubermächtiges Heilmittel. Aber zugleich hängt die Heilung ganz von der Seele selbst ab – denn sie muss das Heilmittel *aufnehmen*. So, wie sie vorher auch das Gift aufgenommen hat. Kann sie das? Die Seele, die eigentlich die Seele eines Helden, einer Heldin ist? Mit einer heiligen Zaubermacht versucht das Buch, die Seele aufzurufen, sich auf sich selbst zu besinnen – und die guten Mächte stehen dem Buch bei. Und gemeinsam kämpfen sie gegen das Gift, das die Seelen beherrscht. Und sie kämpfen mit dem gleichsam heiligen Ruf: O, Seele – erwache!

Alles, was dem Einschlafen dient, dem weiteren Schlafen, ist vergiftetes Wirken der dunklen Macht. Alles, was dem Aufwachen dient, ist heiliges Wirken der *guten* Mächte. Aber um welches Aufwachen geht es? Wer ist es dann, der aufwachen soll? Und was ist das Gift?

Aufwachen soll jener heilige Teil der Seele, der wir selbst *sind*. Wir sind dies – und dort, in diesem heiligen Teil, sind wir Helden, sind wir Heldinnen. So wahrhaftig, so strahlend schön und so innig gut, so zutiefst das Gute liebend, wie es nur Helden und Heldinnen sein können. *Das* schläft – weil es eingeschläfert wird. Aber wir spüren es in uns. Wir haben es kennengelernt. Es ist uns innig nah, so nah wie nichts anderes. Es ist unverlierbar – es kann nur eingeschläfert werden, überlagert werden von etwas Vergiftetem. Aber wir können es wieder erlösen – wir selbst. Und dann werden wir mit diesem reinen Teil unserer Seele wieder vereint sein. Und dann kann uns nichts mehr davon trennen. Denn wenn wir diese *bewusste* Erlösung vollziehen können, in einem heiligen Kampf gegen die dunkle Macht, dann ist das der Sieg gegen diese Macht, und dann hat sie ihre Macht verloren. In dem Moment sind wir wahrhaft Helden. Es ist dann wie im Märchen: Der Bann fällt ab, unwirksam geworden, weil die dunkle Macht besiegt ist. Und hervor tritt wieder die *wahre* Gestalt, strahlend schön, Trägerin einer heiligen Aufgabe...

Der schwerste Teil des Kampfes besteht darin, die ganze Verzauberung und den ganzen Kampf als solchen immer mehr zu *erkennen*. Im Grunde besteht er am Anfang darin, zu erkennen, *warum* man diesen Kampf zunächst einmal völlig verloren hat, weil die dunkle Macht eben gewonnen hat, ihr Ziel erreicht. Sie ist sozusagen auf dem Höhepunkt der Macht. Das Königreich schläft, der Held schläft – und *nichts* sollte ihn je wieder aufwecken. Das war und ist die Absicht der dunklen Macht.

Der Kampf gegen die dunkle Macht besteht zunächst ganz und gar darin, sie zu *erkennen*. Und sie *ist* im Grunde erkannt, wenn man ihr Wirken erkennt, die Art, wie sie wirkt. Besiegt ist sie dann noch lange nicht – aber besiegt werden kann eine Gegenmacht überhaupt erst, wenn sie erkannt wurde. Es ist ein ungeheurer Schritt, zu erkennen, *dass* und *wie* man eingeschläfert und vergiftet wurde. Man ist dann noch immer völlig besiegt – aber nun kann der Kampf beginnen...

Denn nun ist man aufgewacht und sammelt seine Kraft... Man versucht, sich wach zu halten, und man sammelt die heiligen Kräfte, von denen man *weiß*, dass man sie hat.

Aber wiederum – *was ist das Gift?* Noch immer ist es nicht klar. Man liegt gleichsam noch ganz benommen am Boden und versucht, sich über die grundlegendsten Dinge klarzuwerden. Wo bin ich? Was ist geschehen? Wer bin ich? Und wer versucht, mir etwas anzuhaben? Mich für mich selbst einzuschläfern? *Wer bin ich?*

Die dunkle Macht bemerkt das Aufwachen – aber sie lässt unablässig ihre Botschaft in die Seelen fließen. Sie mag innerlich aufgeregt sein, weil sie um die Gefahr weiß – um die Gefahr des Aufwachens. Die Gefahr, dass sie erkannt wird. Aber sie lässt sich nichts anmerken. Völlig unaufgeregt und selbstverständlich wiederholt sie die Botschaft, gibt sich keine Blöße, gibt der Botschaft keine Pause. Nichts darf darauf hinweisen, dass etwas Wesentliches geschehen ist. Dass der Held, dass die Heldin dabei ist zu erwachen. Sie darf es nicht *merken.* Und es ist die *Botschaft*, die sie am sichersten daran hindern kann...

‚Hab Spaß...! Sei du selbst... Sei so cool wie wir. Genieße dein Leben. Mach, wozu du Lust hast. Sei Teil des Ganzen. Komm – finde deinen Style und mach mit... Auch *du* kannst zu uns gehören. Fang einfach an, so cool zu sein wie wir – und du gehörst dazu...'

*

Es ist, wie wenn die dunkle Macht einen auf einen hohen Berg führen würde, auf den höchsten Berg der Erde, von dem aus man alles, alles sehen könnte – das ganze Leben, alles, was möglich ist, jede lockende Versuchung oder Annehmlichkeit, jeden Genuss, jeden Spaß, *alles*. Und wie wenn die dunkle Macht dann mit einem wissenden, unendlich verführerischen Lächeln und einer ebensolchen Stimme sagen würde: ‚Das alles ist für *dich* bestimmt, und du sollst es haben. Schau dich um. Alles für dich. Das alles will ich dir geben, wenn du es willst – und du willst es, nicht wahr?'
Und man würde die dunkle Macht staunend anblicken, und man würde wortlos, nur mit dem Blick fragen, *warum* – warum sie das tut und was sie dafür verlangt. Denn die Seele weiß, dass die dunkle Macht nichts ohne Gegenleistung tut. Und die dunkle Macht würde mit demselben wissenden, lächelnden, überredenden Blick ohne Worte sagen, dass die Gegenleistung verschwindend gering ist. Und dann würde sie verführerisch – und schon dies sickert *in* die Seele hinein – sagen: ‚Das alles sollst du haben, wenn du *mich* anbetest...'
Und die Seele weiß, dass sie vor der dunklen Macht nicht äußerlich auf die Knie fallen muss, keinerlei äußeren Worte sprechen muss, um diese Macht anzubeten. Sie weiß, wie es gemeint ist. Sie weiß, dass bereits das Sich-Hineinstürzen in

diese Welt, die ihr da gezeigt wird, die von jener Macht verlangte Anbetung *ist*.

Und sie sieht diese ganzen Verlockungen, und sie sieht der dunklen Macht in das kalte und zugleich doch auch heiße, verführerische Auge – und sie fühlt bereits das Gift in ihren Adern rinnen ... und sie weiß, dass sie ‚ja' sagen wird...

*

Aber es ist nie zu spät. Die Macht der dunklen Macht ist nicht so groß, dass man ihr *auf immer* verfallen ist, wenn man ihr einmal verfallen ist. Und das hat einen einzigen Grund. Und dieser Grund ist das, was in der Seele als heiliger Ort von den *guten* Mächten geschützt wird. Dieser heilige Ort ist es, von dem aus das *Aufwachen* in jedem Moment ausgehen könnte. Diesen Ort kann die dunkle Macht nicht erobern, nicht vernichten, nicht greifen – sie kann nur alles Übrige so weit wie möglich vergiften, einschläfern, zudecken; sie kann so viel Gebiet wie möglich erobern, in der Seele, so weit und so gründlich wie möglich *heran* an diesen heiligsten Teil. Aber dann bleibt immer noch *dieser*.

Die heiligen Mächte tun im Grunde nichts, um die Seele zu irgendetwas zu zwingen. Das Einzige, was sie tun, ist, diesen heiligen Teil zu beschützen – damit dieser nicht auch noch vergiftet wird. Unerschütterlich schützen sie diesen letzten heiligen Rest des heiligen Königreiches... Das Übrige, was sie tun, ist heiliges Warten. Sie alle warten auf den Helden, die Heldin, auf ihre Rückkehr...
Und die dunkle Macht wartet auch. Sie weiß, dass sie nicht *völlig* siegen kann. Aber was sie erreicht hat, reicht ihr. Und sie bleibt nicht untätig. Sie versucht alles, um die Rückkehr des Helden zu verhindern. Sie versucht alles, um das Erwachen zu verhindern – oder wieder rückgängig zu machen. Sie

ist vorbereitet. Sie reagiert auf jeden Schritt. Sie stellt sich jedem Kampf – und kämpft unerbittlich um ihr Recht. Nichts von dem, was sie jemals gewonnen hat, gibt sie freiwillig wieder her. Man muss um das, was man in ihre Hand gegeben hat, *kämpfen*, um es wiederzubekommen. Man muss kämpfen, um die dunkle Macht und ihr Gift zu besiegen.

*

Und wo stehen wir nun? Wir stehen auf einem einsamen Kampffeld wie die Helden in den Filmen. Wir sind aus einer Ohnmacht erwacht – und wir wissen, dass die dunkle Macht in der Nähe ist. Dass sie wie ein furchtbarer Drache hinter den nächsten Felsen lauert. Wir schauen uns um und versuchen, uns darüber klarzuwerden, wo wir sind und was die Bestie mit uns gemacht hat – und was sie als nächstes vorhaben wird...

Aber wo stehen wir jetzt mit unserer Erkenntnis? Langsam lässt das Gift zumindest so weit nach, dass wir zu einer Erkenntnis kommen können. Aber die erste Erkenntnis, die das Gift bereits zurückdrängte, war die der dunklen Macht selbst. Zu erkennen, dass sie *existiert*, ist bereits die stärkste Waffe gegen sie. Schon damit verliert sie einen sehr bedeutsamen Teil ihrer Macht. Dieser Teil beruht gerade darauf, dass sie *nicht* erkannt wird – und die Seele ihrem Wirken so erst recht völlig wehrlos ausgesetzt ist.

Und indem das Gift zurückgedrängt wird, können wir zu ersten klaren Schritten kommen, auch innerlich, auch in der weiteren Erkenntnis. Das Wirken des Giftes hat offenbar mit dem zu tun, was die dunkle Macht uns damals angeboten hat – und dem wir verfallen sind, offenbar noch immer, sehr weitgehend. Und ganz offensichtlich geht es um einen Gegensatz zwischen diesem Gift und dem Wesen eines Helden, einer Heldin. Offenbar sind diese dem Gift nicht erlegen. Aber was ist dann der genaue Unterschied? Was genau ist das Gift?

Lassen wir noch einmal das *Gift* auf uns wirken – diesmal, um sein Wirken zu erkennen. Und seien wir uns bewusst, dass es nur deshalb zum Gift wurde, weil etwas eigentlich Positives in ein Gegenteil abgewandelt wurde, das es zu einem sehr heimtückischen Gift *gemacht* hat:

‚Hab Spaß...! Sei du selbst... Sei so cool wie wir. Genieße dein Leben. Mach, wozu du Lust hast. Sei Teil des Ganzen. Komm – finde deinen Style und mach mit... Auch *du* kannst zu uns gehören. Fang einfach an, so cool zu sein wie wir – und du gehörst dazu...'

Nur der wahrhaft erwachte Held kann hier ganz und gar Wahrheit von Lüge, Positives von Gift unterscheiden – weil er es bis ins Innerste *empfindet*. Er empfindet das Gift, er empfindet den Umschlagpunkt vom Positiven ins Gift – und er empfindet die *Absicht*, die dahintersteckt. Und dies alles empfindet er bis ins Tiefste, weil seine Seele vom Gift *frei* ist. Aber die guten Mächte geben uns ein Wissen von dem, was der Held, die Heldin erwidern würde – und sie geben es, weil sie jenen heiligen Teil der Seele schützen, der auch in uns zum Helden geboren ist und ein solcher werden kann, wenn er sich auch die übrige Seele wieder zurückerobert... Und der Held, die Heldin würde sagen, denken, fühlen:

‚Ich *brauche* eure billigen Verführungen nicht, ich erkenne euer Gift. Ich bin längst *mehr* Teil des Ganzen als du, dunkle Macht! Und als ihr, die ihr Geld mit den Seelen der Menschen macht, und ihr, die ihr euch dafür hergebt, in der ‚Werbung' den Menschen etwas vorspielt, um sie einzuschläfern. Ihr wisst nicht, was ‚cool' ist. Aber ihr wisst auch nicht, was

Helden sind. Macht es euch *Spaß*, die Menschen zu verführen und einzuschläfern? Ist das euer ,Style'? Auf welcher Seite steht ihr eigentlich? Oder schlaft ihr auch selbst? Hört auf, den Seelen die Lüge der ,Coolness' einzuflößen, und *ihr* gehört dazu – zur Seite der guten Mächte. Vorher dient ihr nur der anderen Macht...'

Wenn das, was hiermit gesagt ist, mit dem *Herzen* empfunden werden könnte, würde man den ganzen Kampf verstanden haben. Und dieser Kampf wird von der dunklen Macht in äußerster Brutalität geführt. Tief, tief ist sie eingedrungen in die Seelen – und die Seele muss erst *begreifen*, was geschehen ist und worin dieser Kampf besteht. Was sie ist und was sie nicht ist, was ihr nur *eingeimpft* wurde und was sie jetzt nur *glaubt* zu sein. Und mit aller Kraft und Brutalität, die aber zunächst überhaupt nicht gespürt wird, versucht die dunkle Macht, die Seele an diesem allen zu hindern: am Erkennen, am Aufwachen, am Begreifen, am Empfinden...

Eines ihrer vielen Mittel ist, schon den Begriff des Helden völlig zu verwirren. Und das tut sie, indem sie die Seele auch ganz andere Menschen als ,Helden' erleben und ansehen lässt. Die modernen Helden sind für die Seele die Stars – Sänger(innen), Schauspieler, Sportler. Sie werden zu Helden gemacht, weil sie mit *Millionenaufwand* in das Bewusstsein der Seelen ,geprügelt' werden. Es ist fast ein moderner Götterkult – besser gesagt Götzenkult. Man versuche, dies einmal tief zu empfinden: Wie da in der Seele eine Sehnsucht lebt oder jederzeit leben könnte, diesen Menschen einmal zu begegnen, jedenfalls, sie immer wieder zu sehen, im Fernsehen, auf einem Konzert, vielleicht ein Autogramm zu bekommen, einmal nur ganz wenige Meter entfernt zu sein...

Diese Menschen werden grenzenlos bewundert, weil um sie ein moderner Kult getrieben wird. Nachrichten, Meldungen,

Fernsehübertragungen. Sie sind sogar fast noch wichtiger als Regierungschefs. An ihnen hängt das öffentliche Bewusstsein, und man erfährt und möchte miterleben, wen sie getroffen haben, wen sie heiraten, was sie denken, was sie gestern Abend gemacht haben... Sendungen wie ‚Germanys next Topmodel' unterstützen diesen Kult. Sie suggerieren das Versprechen, dass jeder die nächste Berühmtheit werden kann – und sie heizen die Sehnsucht danach an, indem sie suggerieren, dass es darauf ankommt; dass dies der Traum jedes jungen Mädchens ist oder sein sollte. *Das Berühmtsein ist der moderne Götzenkult unserer Zeit.*

Nur *deshalb* kann das Berühmtsein mit dem Begriff des Helden völlig falsch gleichgesetzt werden. Für die heutigen jungen Menschen haben die ‚Stars' *an sich* schon Heldenstatus – und deshalb träumt man selbst auch davon, einmal berühmt zu sein. Weil man sich vorstellt, dass diese Stars alles haben, alles dürfen, das coolste Leben führen und so weiter. Es geht nicht nur darum, gut zu singen oder gut Fußball zu spielen oder gut schauspielern zu können – es geht auch um die damit verbundene Berühmtheit, den Glanz, der damit verbunden zu sein scheint. Wer möchte *nicht* einmal im Mittelpunkt stehen? Wer sehnt sich nicht nach Aufmerksamkeit? Danach, gesehen zu werden? Gar nicht unbedingt äußerlich, aber in seinem *Wesen*...

Heute reicht es also, berühmt zu sein, um als Held zu gelten. Man meint, dass diese Stars das coolste Leben von allen führen. Dass sie es ‚geschafft' haben. Dass sie sich alles leisten können, was sie wollen – wie soll es ein besseres Leben geben? Ein Messie, der alle an die Wand spielt, der im Alleingang über das ganze Spielfeld wandern kann, alles um sich herum stehenlässt und dann ein Tor schießt, ist der größte Star – für jeden Jungen, der selbst gern Fußball spielt. Stars sind *Identifikationsobjekte*. Jeder sucht sich seinen Star aus, den er bewundern kann. Ein Vorbild für das, wie man selbst gerne einmal sein möchte, sein würde...

Meistens geht es also um überragende sportliche Begabungen, um schöne Musik oder um die Schönheit eines Menschen selbst. Denn neben der Berühmtheit kann man auch die Schönheit eines Menschen bewundern, eines Mannes oder einer Frau. Auch das kann eine Art Vorbild sein, auch eine Liebe... Aber der Faktor Berühmtheit ist es, der aus einem solchen Vorbild dann einen modernen Helden macht. Um heute ein ‚Held' zu werden, reicht es, berühmt zu sein – und irgendetwas gut zu können. Oft muss man es noch nicht einmal besonders gut können, oft reichen Millionenkampagnen, um aus einem Menschen einen Star zu *machen*.

Aber ist das *wahr*? Ist es, wenn wir unser tieferes Herz befragen, wahr, dass eine Berühmtheit ein *Held* sein sollte oder überhaupt sein kann, bloß weil sie Fußball spielen, singen oder schauspielern kann? Dies sind die modernen Starkategorien, weil gerade hier der Kult stattfindet. Aber werden dadurch aus Menschen Helden? Oder wird dadurch nicht gerade der ganze Begriff vergiftet, weil die eigene Sehnsucht, ebenso berühmt zu werden, ein wenig ‚nachhilft' und jemanden zu seinem persönlichen Helden erklärt, bloß weil er eben dieses eine ist – nämlich berühmt?

Der heilige Teil der Seele weiß es besser. Er weiß, dass *Heldentum* selbst auch etwas Heiliges ist – und dass nur diejenige Seele es verdient, mit diesem wunderbaren Wort zusammengebracht zu werden, die es sich ganz und gar *innerlich* verdient hat und diesem Wort würdig wird. Es hat mit etwas zutiefst Moralischem zu tun, mit einem moralischen Sein – und nicht mit bloßer Berühmtheit. Ein berühmter Mensch ist ein Star – aber ein *Held* ist etwas ganz anderes. Heldentum hat mit Treue zu tun – und wir wissen inzwischen, um *welche* Treue es geht... Und so hat Heldentum nichts mit Berühmtheit zu tun, nichts mit Geld, nichts mit Zeitschriften, Nachrichten, Interviews, Fanpost, nichts mit Bühne, Rasen oder Hollywood. Es ist eine *innerliche* Wahrheit und Herausforderung. Ein Held, eine Heldin wird man im *Herzen* – und nirgendwo anders.

Erfolg steigt allzu schnell ‚zu Kopfe'. Das ist sogar ein buchstäblicher Hinweis darauf, dass Heldentum nichts mit Berühmtheit zu tun hat. Eine Berühmtheit braucht sich moralisch in keiner Weise entwickelt zu haben, ja, der Erfolg kann ihr moralisches Sein auf eine ganz schiefe Ebene bringen, auf der sie buchstäblich abrutscht. Das sind dann regelrecht *Anti-Helden*, die zum Beispiel meinen, sich alles erlauben zu können, die arrogant und hochnäsig werden, jegliche Sympathie immer mehr verlieren, die sogar in Drogen und Alkohol versinken, weil das Berühmtsein sie völlig kaputtmacht. Die wirkliche Welt hinter dem Vorhang der so glanzvollen Bühne, die immer öffentlich gezeigt wird, kann sehr, sehr hässlich und furchtbar sein... Heldentum sieht völlig anders aus. Man kann jemanden zu seinem persönlichen ‚Held' *machen* – aber deswegen ist er noch lange kein solcher. Es entscheidet sich alles im Herzen...

*

Die dunkle Macht arbeitet also auch mit Begriffsverwirrung. Und sie arbeitet damit, dass bestimmten Begriffen mehr Wert und Bedeutung beigelegt wird als anderen. Die Frage ist nur, welchen...

So kann sie zum Beispiel der Seele eine tiefe Sehnsucht nach *Berühmtheit* einflößen. Und ihr zugleich die Liebe zur Wahrheit oder zum Guten immer mehr entziehen, sie relativieren, schwach machen, von einer starken, heiligen Empfindung zu einem schwachen Rinnsal werden lassen...

Das alles kann die dunkle Macht nicht tun, ohne dass die Seele ihr dabei hilft und ihren Zielen verfällt – und die Seele verfällt ihr eben, weil sie noch gar nicht bemerkt, in welchem Kampf sie fortwährend steht. Erst, wenn sie dafür *aufwacht*, wird ihr immer mehr bewusst, welche Entscheidung(en) sie fortwährend treffen kann und auch fortwährend trifft, ob bewusst oder unbewusst. Aber erst, wenn all dies allmählich bewusst wird, beginnt der eigentliche Kampf – oder die Frage, ob die Seele gegen die dunkle Macht überhaupt kämpfen *will*, oder ob sie sich mit dem Gift eigentlich sehr wohl fühlt und auf das Andere gut verzichten kann... Denn das Gift kann schon sehr tief gedrungen sein. Dann ist selbst ein leises Aufwachen eigentlich noch immer ein Weiterschlafen in den Fängen der siegessicher lächelnden dunklen Macht.

Man kann keine Seele zwingen, sich gegen die dunkle Macht zu wehren. Man kann nur versuchen, das volle Bewusstsein dafür zu wecken, um welchen *Kampf* es geht. Man kann versuchen, zu beschreiben, was die dunkle Macht vorhat – und sogar schon erreicht hat. Wenn der Seele dies dann sehr recht ist, kann man nichts tun. Außer zu beschreiben und versuchen, erleben zu lassen, was der *andere* Teil der Seele ist – der der dunklen Macht nicht verfallen kann. Aber ob derjenige Teil der Seele, zu dem man gewöhnlich ‚ich' sagt, sich diesem heiligen Teil genügend verwandt fühlt und eine Sehnsucht danach hat, sich mit ihm zu vereinigen, das ist dann noch immer die Entscheidung jeder einzelnen Seele. Jede Seele muss ihre *eigene* Sehnsucht finden. Tut sie es nicht, triumphiert die dunkle Macht noch immer, egal wie innig man den heiligen Teil zu beschreiben versucht. Es ist immer die einzelne Seele selbst, die die lähmende Macht des Giftes durchdringen muss, um sich dagegen zu wehren.

Wir haben das Heilige und auch die dunkle Macht jetzt ein ganzes Stück weit bereits kennengelernt. Die dunkle Macht verspricht eine ganze Welt des äußerlichen Genusses. Sie möchte, dass die Seele sich in diese Welt des Genießens und des Spaßhabens verliert – das ist eigentlich ihr ganzes Ziel. Denn dann verliert sich die Seele in einen Selbstbezug, *hat* sich darin schon verloren, während ihr das Heldentum, ihr wahres Wesen, völlig entgleitet... Sie schläft für ihr wahres Wesen, weil die Welt, in der sie ‚erwacht' ist, ja so unglaublich angenehm ist. Spaß, Genießen, Chillen – das *ist* doch ganz wesentlich, die Welt, um die es geht, oder nicht...? Ja, wenn die Seele *dieses* Lebensgefühl hat, hat die dunkle Macht völlig gesiegt. Mehr möchte sie wie gesagt gar nicht. Darum geht es ihr ja gerade. Einschläfern möchte sie – und eingeschläfert *hat* sie...

Der Held, die Heldin aber, die in ihrem Herzen der dunklen Macht keinen Flecken Raum geben, würden ihr entgegnen: ‚Du kannst mich noch so sehr verführen, ich werde dir nicht verfallen. Ich weiß, dass du mich fangen willst, meine Seele fangen; dass du den Punkt erreichen willst, wo ich einen Moment lang anfange, an *mich* zu denken; wo ich anfangen würde, das Leben genießen zu wollen – auf die Art, die *du* mir nahelegst –, anfangen würde, nach Spaß und Chillen zu suchen und dies zu begehren, statt das Andere zu tun, was du *nicht* willst. Aber du *kannst* mich nicht zu Fall bringen und mich mit deinem Gift nicht erreichen, denn ich weiß, was *ich* will. Und deswegen hat dein Gift keinerlei Zugang in meine Seele. Du bist *machtlos* gegen mich, weil *ich* mit aller Macht das Gute liebe und nur *ihm* diene, nicht dir...'

Ein Held denkt so und fühlt so.
Wir müssen uns nicht schämen, bis jetzt kein Held zu sein – denn wir sind es nicht. Das ist zunächst einfach nur eine Tatsache. Nichts Großartiges und auch nichts Schlimmes.

Aber wir sind zumindest an dem Punkt, wo wir uns darüber klarzuwerden beginnen können, welchen Weg wir eigentlich einschlagen wollen... Und das ist, wenn wir es damit ernst meinen, auch schon *viel*.

Beginnen wir also, die Begriffe einander gegenüberzustellen, um zu jener Klarheit zu kommen, die wir inzwischen erreicht haben. Um sie uns *bewusst* zu machen.

Die dunkle Macht	*Die guten Mächte*
Lüge und Indifferenz	Wahrheit (denken)
Bloße Effizienz	Schönheit (fühlen)
Bloßer Selbstbezug	Das Gute (wollen und tun)
Das Äußerliche	Das Innere
Star-Kult	Moralisches Heldentum
Selbstsucht	Mitleid
Spaß	Ernst
Lust	Freude
Chillen	Tätigsein
Genießen, Genuss	Lieben, Erfüllung
Unlust, Streit, Krieg	Harmonie, Frieden
Gleichgültigkeit	Kampf für das Gute
Einschläfern	Erwecken
Ich im Zentrum	Liebe zum Guten im Zentrum

Damit müsste die Seele nun eine ganze Weile leben... Am besten einmal sehr, sehr lange, um sich anhand dessen tiefe *eigene* Gedanken zu machen.

*

Es ist keine Schande, einen tiefen, tiefen Selbstbezug in sich wirksam zu fühlen. Das Gift der dunklen Macht hat über unvorstellbar lange Zeiträume gewirkt – und zwar in *allen* Seelen. Sogar menschheitlich, geschichtlich, weit über das eigene Leben hinausgreifend. Helden sind zunächst auch deshalb Helden, weil es von ihnen nur so *wenige* gibt – und weil auch sie meist erst im Laufe ihres Lebens zu Helden geworden sind. Das Einzige, was wir in unserem Herzen tragen, ist ein heiliges Wissen davon, was einen Helden in Wirklichkeit ausmachen würde. Alles andere, was noch in unserer Seele lebt, ist zunächst wenig heldenhaft. Manchmal schimmert es vielleicht hervor. Oft oder meistens aber lebt in der Seele etwas ganz *anderes*. Und das ist eine große Liebe zum Genuss, Spaß und ,Chillen'.

Das Wirken dieses Giftes hat *einen* unfassbaren, seltsamen, im Grunde wieder heiligen Vorteil. Einen heiligen Aspekt, der nicht möglich wäre, wenn man bereits ein Held wäre. Was für ein Aspekt soll das sein?
Es mag belanglos oder sogar nach Spott klingen, aber das ist es ganz und gar nicht. Denn das Einzige, was ein Held *nicht* kann, ist – ein Held *werden*. Man kann nur dann ein Held werden, wenn man noch kein Held ist. Man kann *überhaupt* nur werden, wenn man noch nicht ist. Und dies ist etwas unendlich Wesentliches. Es ist etwas Ungeheuerliches, dass der Mensch kein Held ist, sondern ein solcher *werden* darf. Denn was geschieht dadurch? Dadurch wird es ganz und gar sein *Eigenes*.

Versuchen wir einmal, zu empfinden, wie es wäre, als Held geboren zu werden. Man wäre es von Natur aus, von Geburt, ohne eigenes Verdienst. Man müsste zwar noch groß werden, aber man bräuchte sich nicht anzustrengen, um dann, wenn man groß ist, ein Held zu sein. Es wäre einem buchstäblich *angeboren*. Das mag toll sein, für das heutige Denken und Fühlen, das ja gerade recht faul ist. Aber es ist etwas ungleich Größeres, ein Held *werden* zu dürfen – es erst dadurch zu werden, dass man unendlich viele Widerstände überwinden muss, die einen daran hindern wollen, ein Held zu sein, die einen im Zustand des Nicht-Helden halten wollen. Wenn *dies* der Fall ist und man die Hindernisse dann trotzdem überwindet, dann ist alles, was man erreicht, die eigene Leistung, noch das Kleinste. Man kann auf alles ‚stolz' sein, was man sich selbst errungen hat, aufrichtig errungen.

Und das – diese Tatsache – bedeutet, dass selbst die dunkle Macht am Ende den guten Mächten dient. Dienen muss. Dass sie mithilft, den Seelen eine Freiheit zu bringen, die sie nicht hätten, wenn es kein Gift, keine Versuchungen, keine Widerstände gäbe. Die Tatsache, dass die dunkle Macht existiert, schenkt den Seelen die Freiheit, *selbst* das zu werden, was sie werden *können*.

Man könnte sagen, und das ist wirklich wahr: In jedem Menschen steckt ein Held, eine Heldin – und sie dürfen es *selbst werden*.

*

Aber die dunkle Macht möchte dem Menschen natürlich nicht helfen – sie möchte trotz allem seine Seele gewinnen und die Herrschaft über diese behalten. Sie arbeitet nicht mit den guten Mächten zusammen – sie arbeitet *gegen* diese.
Sie möchte nicht, dass die Seele mit ihrer Hilfe, gegen ihren Widerstand, zu dem wird, was sie werden kann. Sie möchte, dass die Seele völlig *vergisst*, was sie werden kann – und dass sie in dem versinkt, was sie stattdessen haben könnte und auch hat: eine Welt von Spaß, von Genuss, von ‚Chillen', die sich vor ihr auftut. Die dunkle Macht möchte, dass die Seele unwiderruflich in einem immer stärkeren, jedenfalls möglichst starken *Selbstbezug* versinkt...

Die dunkle Macht möchte, dass die Seele nie begreift, wie sehr dieses Leben nach Genuss und eine Liebe zum Guten einen Widerspruch darstellen – und sie möchte, dass da, wo der Seele dieser Widerspruch klar wird, das Gift längst *so* tiefgreifend wirkt, dass die Seele die Seite des Giftes nie aufgeben würde. Oder wenn sie sie einmal verlässt, immer wieder dorthin zurückkehrt. Die dunkle Macht möchte, dass die Seite des Giftes die Heimat der Seele wird und bleibt. Dann ist der heilige Teil der Seele, der manchmal auch ein wenig mitspricht, nur ein Anhängsel im Leben, das die dunkle Macht gnädig lächelnd duldet.

Den Sklaven lässt man schließlich auch ihre Kleidung, damit sie ein wenig die Illusion bewahren können, noch ‚Mensch' zu sein. Oder den geschundenen Arbeitspferden gibt man wohl mal ein Stückchen Zucker, damit sie das nächste Mal um so mehr schuften. So kann auch die dunkle Macht zulassen, dass eine Seele ab und zu mal eine halbwegs selbstlose Tat tut – das sind die zugestandenen Zuckerstückchen. Sie weiß, dass die Seele dann wieder um so braver genießt und ‚chillt'. Dass sie sich mit der einen guten Tat selbst gut fühlt und das Gefühl hat, ein ‚guter' Mensch zu sein und genug getan zu haben. Helden verhindert man am zuverlässigsten, wenn man es hinbekommt, dass die Seele schon mit viel weniger zufrieden ist – und sich selig wieder dem Gift hingibt...

*

Es könnte sich bei all diesen Worten und Erkenntnissen in der Seele ein großer Unwille regen. Sie könnte sich sagen: ‚Ja, darf ich jetzt also *gar* nicht mehr genießen, oder was?' Oder: ‚Willst *du* mir etwa vorschreiben, was ich darf und was nicht? Oder dass Genießen schlecht ist?'

Aber darum geht es gar nicht. Es geht immer nur einzig und allein darum, zu erkennen, um was für einen Kampf es geht – in den die Seele eingebunden ist, ob sie will oder nicht. Mit solchen Regungen wie den eben angedeuteten hätte die dunkle Macht ja nur *wieder* gewonnen. Denn der Unwille der Seele bedeutet ja nur wiederum, dass sie sich nicht ändern will. Das ist ihre Freiheit. Sie muss es nicht. Aber sie kann ab jetzt wissen, was es bedeutet.

Nicht darauf kommt es an, vorzuschreiben, welche Seite die Seele zu wählen hat. Sondern nur darauf, deutlich zu machen, welche Seiten es *gibt*. Es gibt die Seite des Selbstbezuges – und es gibt die Seite selbstloser Seelenregungen, die die Seele selbst als heilige Regungen in sich erkennen kann (und erkannt hat). Und es gibt in jedem Moment die Möglichkeit der Wahl. Auch die Möglichkeit des *Verschlafens* dieser Existenz der fortwährenden Wahlmöglichkeit. Die Möglichkeit ist jedoch immer gegeben. Die Seele wählt immer zwischen diesen zwei Seiten – ob sie sich dessen bewusst ist oder nicht.

Sie kann sich darüber ärgern, dass man ihr diese Seiten bewusst macht und sie dies nun nicht mehr vergessen kann. Eine Wahrheit, dass diese beiden Seiten existieren, bleibt es trotzdem. Und wenn die Seele die Wahrheit wirklich lieben würde, dürfte oder könnte sie darüber gar nicht böse sein, eigentlich nur dankbar.

Das Bösewerden hat ja eigentlich auch eine ganz andere Bedeutung, als es zunächst scheint. Denn die Seele wütet nur äußerlich gesehen gegen den Überbringer der Wahrheit. In Wirklichkeit kennt sie diese Wahrheit ja *selber*. In dem Moment, wo ihr die Zusammenhänge klar werden, weiß sie *selbst*, dass sie wahr sind. Wenn sie sich wehrt, kann sie sich in tiefstem Sinne also eigentlich nur gegen sich selbst wehren. Sie wehrt sich immer nur gegen ihr eigenes Gewissen – und verlegt diesen Kampf nach außen, indem sie sich gegen jene Worte wehrt, die ihr Gewissen geweckt haben. Nun existiert eine Wahrheit, gegen die sie sich schmerzlich nicht wehren kann, wenn sie nicht die Wahrheit selbst leugnen will. Sie kann sich gegen diese Wahrheit *auflehnen* – abschaffen kann sie sie nicht. Sie kann trotzdem beschließen, überwiegend selbstbezogen zu bleiben – es ist immer *ihre* Entscheidung. Aber sobald das Gewissen und der heilige Teil der Seele erwacht sind, wird sie ihrer Entscheidungen nicht mehr wirklich froh werden, weil immer auch dieser heilige Teil mitsprechen wird. Seine Stimme wird nicht mehr übertönt werden können. Das Gewissen ist nicht mehr eingeschläfert, es ist jetzt *wach*.

Die Seele kann sich noch eine ganze Weile dagegen wehren, sie kann diese Stimme in ihrem eigenen Inneren wiederum versuchen abzutöten, einzuschläfern, sie kann sie hassen, sie kann sich fortwährend dagegen wehren. Aber sie könnte auch versuchen, dieser Stimme zu lauschen, sich ihr hinzugeben, ihr zu folgen – und zu lernen, das Gute wirklich zu *lieben*. Diese beiden Wege gibt es... Auf dem einen Weg wehrt sich die Seele gegen eine heilige Stimme und möchte so bleiben, wie sie *ist*. Auf dem anderen Weg verwandelt sie sich nach und nach völlig und gibt demjenigen in sich Raum, immer mehr Raum, was Helden und Heldinnen ausmacht. Aber es ist immer *ihre* Entscheidung...

*

Es ist ganz selbstverständlich, dass es schwer ist, wenn man plötzlich mit der Tatsache konfrontiert ist, dass ‚Chillen' und Spaß haben etwas ‚Schlechtes' ist. Aber zunächst ist die Wahrheit die, dass es nicht etwas ‚Schlechtes' ist, sondern schlicht und einfach Selbstbezug. Eine reine Tatsache. Das Gegenteil dessen, was ein Held, eine Heldin sein und tun würde. Nichts weiter. Einfach nur das Gegenteil.

Wenn die Seele diesen Gegensatz spürt – den Gegensatz zwischen dem selbstbezogenen Teil der Seele und ihrem *heiligen* Teil –, dann entsteht natürlich dennoch ein Schmerz. Denn es ist ganz deutlich, dass der heilige Teil nicht umsonst der heilige ist. Man weiß sehr genau, was es bedeutet, die von dort erklingende Stimme abzuwehren oder absichtlich zu überhören...

Aber man könnte sich auch fragen, welchen Schmerz dieser heilige Teil der Seele erdulden mag – denn er wird ja fortwährend verleugnet, während man den anderen, selbstbezogenen Teil der Seele auslebt. Normalerweise *hat* man ja gar keinen Schmerz – man hat Spaß und ‚chillt' ... und Schmerz hat nur jener *andere* Teil, während man dies gar nicht bemerkt.

Wenn man sich jetzt sagen würde: ‚Aber Schmerzen kann doch nur *ich* haben und nicht irgendein Seelenteil' – dann kann darauf geantwortet werden: „Ja, du hast Schmerzen, weil du dich im Moment ganz mit dem selbstbezogenen Seelenteil identifizierst. Aber es gibt ebenso etwas in dir, was sich mit dem heiligen Teil deiner Seele identifiziert, was diesen Teil innig liebt – und was Schmerzen hat, dass dein übriges ‚ich' diesen Teil so sehr verleugnet. Spüre einmal dem nach, was *diese* Schmerzen hat; was eine innige Sehnsucht nach dem *anderen*, dem heiligen Teil hat...'

*

Und nun kehren wir zurück – oder kommen überhaupt erst wirklich – zu dem Wesen des ‚Coolen', einem weiteren ungeheuer starken Mittel der dunklen Macht, ihre Ziele zu erreichen. Wenn es einen Wettbewerb hätte geben können, mit welchen Mitteln die Seele am sichersten und zugleich unauffälligsten auf die Seite der dunklen Macht gefesselt werden könnte – das ‚Coole' hätte erfunden werden müssen. Aber die dunkle Macht *hat* es erfunden... Sie hat das sicherste Mittel gefunden, die Seelen unbemerkt, aber felsenfest an sich zu binden...

Warum ist das so? Das könnte man sich einmal tief fragen. Sich fragen: Was ist das ‚Coole‘ eigentlich? Was macht es aus? Und das bedeutet nicht: was *finde* ich ‚cool‘ – denn da ist ‚cool‘ im wesentlichen nur ein anderes Wort für ‚toll‘ –, sondern es bedeutet: was bedeutet ‚cool‘, wenn es um das Verhalten geht, das eigene Verhalten, die Begegnung untereinander. Was bedeutet dann ‚cool sein‘, ‚sich cool verhalten‘, ‚cool tun‘? Was *macht* das ‚Coole‘ mit dem eigenen Verhalten und mit der Begegnung?

Jede Erkenntnis, die man in möglichst großer Tiefe selbst gewinnt, gibt einem noch viel mehr, als wenn man Erkenntnisse passiv aufnimmt. Auch *solche* Erkenntnisse kann man innerlich nachvollziehen, nachprüfen, nach und nach mit Leben füllen und zu seinen eigenen machen. Aber am tiefsten geht es von Anfang an, wenn man sich Erkenntnisse *selbst* erringt. Es wäre also gut, sich die Zeit zu nehmen, wirklich einmal in Ruhe in sich zu gehen und dem tieferen Wesen und Wirken des ‚Coolen‘ nachzuspüren, um möglichst tiefgreifend zu eigenen, selbst erlebten Antworten zu kommen, bevor man dann auch lesend weitergeht.

Man versuche es wirklich... Auch das macht wieder Helden aus, dass sie sich für nichts zu bequem sind. Dass sie alles als Herausforderung betrachten können, ihre Willenskraft unter Beweis zu stellen, einfach für sich selbst. Einfach tun... Dem Impuls der Bequemlichkeit einfach zuvorkommen, ihm einfach nicht gestatten, seine hässliche Lahmheit offen auszubreiten... Dem Helden ist nichts zu schwer, außer, die Faulheit zuzulassen, denn diese hat er völlig aus seinem Herzen verbannt, absolut...

Das Coole ist ... das Gegenteil von Aufrichtigkeit. Es verbirgt das Innere. Ein Inbegriff des Coolen ist das ‚Pokerface'. Nichts dringt nach außen...

Aber es geht noch weiter. Denn wenn man nichts zeigt, versiegt auch dasjenige, was man zeigen *könnte*. Im ersten Stadium ist das Coole das Verbergen von Empfindungen. Im zweiten Stadium ist es ihr *Verlust*. Ein Zwischenstadium ist, alles ganz oberflächlich zu nehmen. Das ist das ‚Lockere', ‚Lässige', was nicht ganz empfindungslos ist, aber eben doch so, dass es nichts an sich herankommen lässt, weil es schon *innerlich* gar nicht in die Tiefe geht.

‚Hey, na – was geht?' – ‚Und? Bisschen chillen? Oder was machen wir jetzt?' – ‚Wie war der Film gestern?' ‚Cool.'

Was *Tiefe* wäre, seelische Tiefe, das kann man nur empfinden. Das Coole ist gerade das Vermeiden dieser Tiefe – so lange, bis die Seele diese Tiefe gar nicht mehr hat, vielleicht nie hatte...

Das Coole ist das Gegenteil von Empfindsamkeit. Eine solche Empfindsamkeit wird dann als *‚uncool'* gesehen und bezeichnet. Und wahlweise auch als ‚mädchenhaft', ‚Weichei', ‚zimperlich', ‚peinlich' und so weiter und so fort.

Aber nur wenn die Seele empfindsam ist, kann sie auch – empfinden. Diese einfache, aber unendlich bedeutsame Wahrheit sollte man *selbst* einmal tief ... empfinden.

Eine Seele, die nicht mehr empfinden kann, ist von der Welt abgeschnitten. Sie hat sich *selbst* abgeschnitten. Sie wollte cool sein – und hat nicht begriffen, dass man mit diesem Coolsein genau da landet, wo man hinwollte: in einer *Gefühlskälte*. Und Gefühlskälte heißt so, weil die Gefühle dann nicht mehr da sind, denn aufrichtige Gefühle sind warm, geben der Seele Wärme, sind gleichsam ihr seelisches Lebensblut, das sie auch warm nach außen strömen kann. Gefühle geben der *Seele* Wärme, und mit ihnen gibt die Seele ihre eigene Wärme der *Welt* weiter. Gefühle sind Wärme – und Coolheit tötet die Gefühle ab, lässt sie erfrieren. Gerade das ist ja ihr Zweck. Keine Gefühle...

Es ist ein Irrtum, dass eine empfindsame Seele unbedingt ‚empfindlich' werden würde, ein ‚Weichei', das nichts aushält. Eine empfindsame Seele kann mehr aushalten als eine scheinbar unempfindliche. Was eine Seele *empfinden* kann, sagt nichts darüber, was sie aushält. Man kann ein zartes, empfindsames Herz schlagen – und es könnte dies aushalten. Es *empfindet* nur unendlich viel...

Es geht nicht darum, dass eine empfindsame Seele alles auf *sich* bezieht – und ‚empfindlich' werden würde –, sondern dass sie *überhaupt* empfinden kann. In jedem solchen Moment empfindet die Seele die *Welt*. Wirkliche Empfindungen lassen die Welt in die eigene Seele ein – und reagieren darauf. Was empfindet eine Seele bei einem Sonnenuntergang? Empfindet sie überhaupt etwas? Was bei der Begegnung mit einem kleinen Eichhörnchen? Was bei einem Spaziergang durch einen herbstlichen Wald...? Es gibt so unendlich viel zu empfinden – und eine Empfindung kann immer tiefer werden. Immer aber verbindet sich die Seele im Empfinden mit der Welt – mit der, man kann sagen: heiligen Wirklichkeit der Welt...

Wie soll die Seele eine tiefe Liebe zur Welt lernen oder finden, wenn sie die Welt nicht zuvor *empfinden* kann? Ihre Schönheit. Ihre Vielfältigkeit. So vieles, was nicht einmal mit Worten beschrieben werden kann. Je tiefer die Seele empfinden kann, desto tiefer wird sie die Welt lieben können. Empfindungen sind das Tor zu einer heiligen Liebe...

Wenn die Seele aber umgekehrt empfindungs*arm* wird, dann tötet sie in sich selbst ab, was einst Liebe werden würde –

oder könnte. Das Einzige, was in dieser Welt Wert hat. Denn alles andere wird früher oder später schal und leer werden. Leer, wenn es nicht erfüllt ist von dieser heiligen Kraft, die Liebe genannt wird.

In der Jugend, in diesen wenigen Jahren der Jugend, *bildet* sich diese heilige Kraft überhaupt erst. Sie entwickelt sich – und möchte sich entwickeln. Aber man kann sie ganz an der Oberfläche halten, ganz auf das bloß Äußerliche lenken – oder sogar ganz verrohen und verschwinden lassen, überhaupt nicht zur Entwicklung *kommen* lassen. Und das Gift des ‚Coolen' wirkt in genau dieser Richtung. Es *verhindert*, dass sich das heilige Wunder der Liebe entwickeln kann. Ein Wunder im Innersten der Seele, das nicht nur einen Menschen umfasst, sondern viel, viel mehr. Aber die Seele wird es nie kennenlernen, wenn sie den Weg der Coolheit geht. Sie müsste ihn verlassen, so früh wie möglich, um das wirkliche Wunder der Liebe kennenzulernen. Denn der Boden, auf dem die Liebe keimen, wachsen und blühen kann, ist die *Empfindsamkeit*...

*

Gefühle und Empfindungen sind das Zarteste und Heiligste, was es gibt – wenn sie rein und aufrichtig sind. Deswegen ist es sehr verständlich, wenn sie *verborgen* werden. Und es ist sehr verständlich, dass sie gerade in der Jugend verborgen werden, wo sie so zart und vorsichtig erwachen. Das heißt nicht, dass nicht auch Kinder Gefühle haben – aber in der Jugend *verinnerlicht* sich dies alles. In der Jugend erblüht auf eine neue Weise das Innere der Seele. Die Seele wird jetzt etwas, was eine wirkliche Realität hat – und werden will. Es ist wirklich wie ein zarter Keim, der seine verletzlichen Blätter öffnen will, seine erste verletzliche Blüte vielleicht auch...

Es ist also verständlich, den Impuls zu empfinden (!), dies alles zu *verbergen*. Aber in unserer Zeit ist dies zu einer Kultur geworden. Wir leben in einer Kultur der Coolness – und es ist normal und Standard und fast Zwang geworden, die eigenen Empfindungen geradezu von Anfang an zu *verleugnen*. Und so *wissen* unzählige Jugendliche überhaupt nicht einmal mehr, was sie an Empfindsamkeit entwickeln könnten, wenn sie den Mut dazu hätten... Sie lassen es von Anfang an nicht zu. Sie tauchen ein in die allgegenwärtige, sie von überallher umgebende Kultur der Coolness – und machen mit, bei der Unterdrückung, bei der brutalen Ermordung ihrer Gefühle...

Und die traurige Realität ist, dass man, wenn man einen anderen Weg zu gehen versucht, auf diesem sehr, sehr einsam werden kann. Denn man muss sich nur ein kleines Beispiel vorstellen. Man war mit seinen Freunden im Kino und hat einen Film gesehen. Und man war von diesem Film sehr berührt, weil man seine Empfindungen nicht abgetötet hat, sondern das Gegenteil versucht hat – und man so von sehr vielen Szenen und dem ganzen Film einfach sehr berührt wurde.
Aber nun gehen alle wieder raus, man geht vielleicht noch irgendwo in ein Café oder etwas essen. Und schon schwappen überall wieder die normalen Gespräche hin und her. Kurz wird über den Film gesprochen, ganz oberflächlich, die eine oder andere Szene kommentiert, gelacht, eine Antwort gibt die andere – und dann geht es schon wieder weiter. Das nächste Thema. Der Film wurde genossen, man hatte Spaß, und nun ist bereits das Nächste dran. Was heute in der Schule war, was morgen ist, dies und das, immer weiter – wie Gespräche in einer Gruppe nun einmal laufen.
Und man selbst? Man sitzt da mit seinen Gefühlen, noch immer voller Empfindungen, und man hat das Bedürfnis, diese Welt inneren Lebens mit jemandem zu *teilen*, mit jemandem, der das *auch* hat, hatte, versteht, mit jemandem, der ähnliches gefühlt hat, ähnlich berührt wurde. Teilen möchte man dies.

Aber da ist niemand. Man spürt an dem ganzen Verlauf des Gesprächs, dass da niemand ist. Nicht einmal im Ansatz. Vielleicht hat man kurz gewagt, etwas von seinen Gefühlen zu offenbaren, eine Bemerkung gemacht, wie berührend eine Szene war. Und vielleicht kommt dann als kurze Antwort: ‚Ja, ja, war schon ziemlich berührend, stimmt.' Aber man spürt genau, dass trotzdem niemand das Gleiche gefühlt hat, denn sofort geht das Gespräch wieder weiter – und man *weiß*, dass es niemanden tiefer berührt hat, dass man wirklich die *einzige* Seele ist, der es so ging...

In einer Welt der Coolness und der Empfindungsarmut macht tiefe Empfindsamkeit sehr, sehr einsam. Aber das ist dann auch wieder der Mut der Helden, dass sie lieber die Einsamkeit wählen, als ihr Herz abzutöten und diesem lebendigen, empfindungsvollen Herzen, das für nichts anderes geschaffen wurde, als empfinden zu können, Gewalt anzutun... Mut zur Einsamkeit. Liebe und Treue zur Aufrichtigkeit der Empfindungen. Mut, einen vielleicht völlig einsamen Weg zu gehen. Denn er wird nicht ganz einsam bleiben. Es wird auch einzelne andere Menschen geben, die diesen Mut haben werden. In Zukunft vielleicht immer mehr – wenn die Welt verstehen wird, was sie sich im Moment selbst antut.

Aber an diesem Punkt steht die Seele, die ganz in der Kultur der Coolheit aufgewachsen ist, zunächst ja gar nicht. In der Regel muss sie die Empfindungen ja sehr mühsam erst wieder *lernen*. Als kleines Kind hatte man noch sehr aufrichtige Empfindungen – wenn man Glück hatte. Es gibt auch schon viele Kinder, denen jede tiefere Empfindung bereits ganz, ganz früh ausgetrieben wird – weil auch die Eltern keine tiefere Empfindung mehr haben, das Kind mit seelenlosem Spielzeug ‚zumüllen' und anderes mehr. Aber in der Regel sollte es in den frühen Jahren der Kindheit doch noch eine Zeit sehr aufrichtiger Empfindungen geben. Die Seele *weiß* doch in der Regel noch, was Aufrichtigkeit des Herzens ist oder wäre...

Aber der Jugendliche will sich ja von dieser Kindheit gerade lösen. Man will innerlich möglichst alt, möglichst reif sein – und jeder Schritt, mit dem man die Ablösung von der Kindheit zeigt, unterstützt dies. ‚Ich bin doch kein Kind mehr!' Das ist fast gleichbedeutend mit einem weiteren großen Schritt in die Coolheit... Aber auch Kinder sind heute immer mehr bereits ‚cool'. So, wie man früher mit vierzehn, fünfzehn war, so wollen heute schon die Zehn-, Elfjährigen sein und verhalten sich auch so. Die Kindheit geht – scheinbar unwiderruflich – verloren, weil selbst die *Kinder* nicht mehr Kinder sein wollen!

Und jetzt soll man als Jugendlicher auf einmal wieder empfindsamer werden – noch empfindsamer als das Kind, das man gerade abgelegt zu haben glaubt? Es ist sehr verständlich, dass das eine allergrößte Herausforderung ist. Zumal die übrigen Freunde um einen herum sicher auch nicht mehr Mut haben als man selbst – sondern in die gleiche Richtung streben. Cooler. Erwachsener. Reifer. ‚Gechillter'. Man wird also *notwendigerweise* sehr einsam werden. Als Mädchen wird man vielleicht noch eine Freundin finden, der es ähnlich geht. Aber als Junge?

Und doch ist es immer die eigene Entscheidung. Entscheidungen brauchen, je schwerer sie sind, *immer* Mut. Aber ging es nicht gerade darum? Um dieses *man selbst* werden? Auch die dunkle Macht suggeriert es ja: ‚Sei du selbst! Finde deinen Style...' – Aber wenn dieses ‚selbst' darin bestünde, den Mut zu haben, seinem lebendigen, fühlenden *Herzen* treu zu bleiben und es diesem Herzen zu ermöglichen, immer *mehr* und immer *tiefer* zu empfinden, weil gerade darin sein Leben besteht – dann wird die Kultur der Coolness einen sehr schnell fallen lassen, in eine Einsamkeit hinein. Denn die Botschaft der dunklen Macht ist eben ganz anders gemeint. Um das Herz geht es gar nicht. Es geht gerade um den Selbstbezug. Aber das empfindende, das empfindsame Herz ist immer *weniger* selbstbezogen. In der Kultur der dunklen Macht wird es also immer einsamer werden *müssen*. Dafür braucht es Mut. Aber dafür ist eine solche Seele auch eine wahre Heldin – denn *sie* allein hat den Mut, sich gegen die offensichtliche Macht, die dem Herzen entgegenwirkt, zu behaupten und sich ihrem Druck und ihrem Gift entgegenzustellen. Sie allein hat den Mut, *wahrhaft sie selbst zu sein.*

Denn wie sehr ist man ,man selbst', wenn man in einem riesig breiten Strom mitschwimmt? In diesem giftigen Strom, der pausenlos und einheitlich immer wieder die gleiche Botschaft sendet?
,Hab Spaß...! Sei du selbst... Sei so cool wie wir. Genieße dein Leben. Mach, wozu du Lust hast. Sei Teil des Ganzen. Komm – finde deinen Style und mach mit... Auch *du* kannst zu uns gehören. Fang einfach an, so cool zu sein wie wir – und du gehörst dazu...'
Das alles *klingt* so individuell – und äußerlich scheinen auch alle so individuell, denn jeder macht ja scheinbar, wozu er Lust hat. Aber wenn dann *doch* alle das Gleiche machen, alle ,cool' sind, alle ,chillen', alle Cola trinken und ähnliche Filme gucken, ähnliche Stars bewundern oder was auch immer – *wie individuell ist das dann noch?*
Es ist eine Schein-Individualität. Es ist genau jene Individualität, die die dunkle Macht haben will. Eine Individualität, die vom Selbstbezug durchtränkt ist. Das ist die pausenlose Botschaft, die den Selbstbezug in die Seelen hämmert und die die Herzen daran hindert, wahre, tiefe Empfindsamkeit zu finden. Denn dafür muss das Herz viel, viel selbstloser werden, denn es öffnet sich ja der Welt – in zarter, empfindsamer Weise.

Nicht mit dem Ziel, zu ,chillen' und ,Spaß zu haben', sondern mit dem Ziel, zu *empfinden.*

Es ist, wie wenn zwei Seelen durch eine Blumenwiese gehen würden. Und die eine würde fortwährend laut daherschwätzen. ,Boah, cool! Guck mal hier *diese* Blume. Krasses Gelb! Und hier die! Voll die coole Form, ey! Geile Wiese. Hier mal 'n paar Tage abchillen – das wär echt die coole Aktion, ey!' Und die andere Seele hätte nur die innige, einsame Sehnsucht, wenigstens ein paar Momente *Ruhe* zu haben – weil diese ganzen Worte ihr nur wie buchstäbliche Schläge klarmachen, dass die andere Seele hart an der Oberfläche bleibt, ohne jede tiefere Empfindung, vor allem ohne jede selbstlosere Empfindung. Bei der anderen Seele steht das ,ich' unendlich stark im Mittelpunkt – und will sich auch fortwährend mitteilen.

Das wirkliche Empfinden aber braucht Ruhe, braucht Stille und braucht Zeit. Die Seele muss sich doch erst *selbst* langsam wie eine zarte Blüte der Umgebung öffnen – und dann kann sie doch überhaupt erst wirklich empfinden. Alles andere sind doch nur Hoppla-di-hopp-Eindrücke, die sehr, sehr egoistisch schnell eingefangen und gleich wieder ausgespuckt wurden. Man versetze sich nur einmal in die *Blumen.* Wollen sie so angeschaut werden? Fühlen sie sich durch einen solchen Blick *gesehen?* Nein – sie fühlen eine tiefe, tiefe Entbehrung, weil ihr wahres Wesen und ihre wahre Schönheit *überhaupt* nicht gesehen wird. Denn diese müsste viel, viel tiefer und sanfter empfunden werden.

Man müsste wirklich spüren, mit welcher Sanftheit, mit welcher Ruhe und mit welcher Liebe, zumindest tiefer Zuneigung man etwas betrachten müsste, damit es sich gesehen fühlen kann... Und in dem Maße, in dem das eigene Herz sanft und ruhig, liebevoll und lauschend werden kann – in dem Maße spürt es, wie tief Empfindung gehen kann. Und das hat keine Grenze. Aber man fängt überhaupt erst *an*, es zu spüren, wenn die Seele einmal von *sich* loskommt.

Man kann es auch noch anders versuchen nachzuempfinden. Es ist, wie wenn ein kleines Kind, das sehr schüchtern ist, sich verständlich zu machen versucht. Und es gäbe zwei Erwachsene – vielleicht ist das Kind beim Arzt –, die dieses Kind vor sich haben könnten. Der eine Arzt würde das Kind gar nicht zu Wort kommen lassen. Kaum hätte es ein bisschen gesagt, würde er ihm ins Wort fallen: ,Ah, ja – ich weiß schon. Da machen wir das-und-das. Das ist alles ganz klar. Also du machst jetzt Folgendes...' – Und der andere Arzt würde mit seinem ganzen Wesen dem Kind *zuhören* und würde ihm schon dadurch einen Teil seiner Angst nehmen, und das Kind würde langsam anfangen, ihm zu vertrauen, und es würde immer mehr von sich erzählen, und der Arzt würde langsam anfangen, das Kind zu verstehen. Und er würde tiefer, tiefer als jeder andere wissen, was das Kind sagen will und was es braucht...

Dieses Bild können wir auch wiederum auf die Wiese übertragen. Wenn das Herz wirklich Empfindungen haben möchte, wenn es die Blumenwiese wirklich in sich einlassen möchte, dann muss es warten, bis alles sich *ausspricht*. Das geschieht nicht sofort. Es geschieht erst, wenn die Seele still wird und beginnt, zuzuhören, innerlich zu lauschen, auch mit den Augen... Die Schönheit und alles andere ist auch etwas, was erst mit der Zeit schüchtern in die Seele eintritt. Natürlich sieht man sofort ,etwas', und schon das kann sehr schön sein. Aber die Wiese und auch alles andere offenbart sich erst *wirklich*, wenn die Seele das Schweigen und das Zuhören lernt. Die Sanftheit und die Zuneigung. Das alles sind Geheimnisse des Herzens. Es sind sanfte Regungen der Seele, mit denen sie sich *berührbar* macht. Und dann erst kommen die Dinge leise heran und beginnen, die Seele zu berühren.

Weil sie gleichsam Vertrauen bekommen. Weil sie sich verstanden fühlen. Und dann kommen sie...

So muss man es lernen, wirklich zu empfinden – dann wird man genau diese Wahrheit auch erleben. Man wird erleben, dass es so ist. Und dass man nur dann wirklich tiefer empfinden kann, bei allem, wenn man dies kann: Warten, schweigen, lauschen. Innerlich still werden und sich einfach nur still einer Sache, einem Menschen, irgendetwas *zuwenden*. Still und mit Geduld. Sein Herz öffnen, sein Empfinden öffnen wie eine zarte Blume – und warten, was kommt, was sich einem offenbaren möchte, wenn es genügend Vertrauen haben kann, dass man es *aufrichtig* meint...

*

Das heilige Geheimnis des Herzens, der menschlichen Seele, lebt gerade in der Fähigkeit der sanften *Zuwendung*, der aufrichtigen Hingabe in der Empfindung. Das Herz ist nicht dafür geschaffen worden, *sich selbst* zu fühlen, sondern gerade das Andere, immer tiefer. Es ist auch nicht dafür geschaffen worden, nichts zu fühlen.

Und so können wir mit Bestürzung erkennen, dass das ‚Coole' der volle Gegenimpuls zum Herzen ist. Denn das Coole will *sich selbst* möglichst stark fühlen – und im übrigen *gar nichts*. Es bezieht alles ganz stark auf sich – und läuft im übrigen vor den eigenen Gefühlen weg, unterdrückt diese, reißt sie gleichsam mit der Wurzel heraus. Das Coole lässt nichts tiefer an sich herankommen, nicht einmal aus dem eigenen Inneren. Ob man es wahrhaben will oder nicht: Das Coole ist genau das, was es bedeutet: *Gefühlskälte*. Tod der Seele.

Und die Seele kann sich entscheiden. Will sie diesen Weg weitergehen? Einen Weg, auf dem sie fortwährend vor ihrem eigenen tieferen Wesen wegläuft, das viel tiefer und viel aufrichtiger und auch viel verletzlicher fühlen *will*. Oder bekennt sie sich zum *Leben* der Seele, zum wirklichen Leben ihres bisher so unterdrückten und im Grunde immer wieder zu Boden getretenen Herzens – damit dieses Herz wirklich beginnen kann, zu *empfinden*, aufrichtig, ohne Unterdrückung, ohne die furchtbare Diktatur der Coolness?

Ja – man macht sich damit sehr verletzlich. So verletzlich wie eine sich öffnende Blume. Das coole Herz bleibt ein Stein, ein Igel, ein Kuhfladen. Ihnen kann nichts passieren – der Blume kann *alles* passieren. Sie ist im Grunde völlig wehrlos in ihrer Offenheit und auch Zartheit. Ein offenes, empfindendes Herz ist jederzeit verletzbar, verwundbar. Aber es ist das Einzige, was wirklich empfinden kann. Alles andere belügt sich selbst. Und die Seele muss wählen. Nicht der ‚coole' Weg braucht Mut, sondern der *andere...*

Wer den coolen Weg wählt, muss fortwährend etwas von sich verleugnen – und man kann dies so weit tun, dass man es noch nicht einmal mehr merkt. Aber man verleugnet es trotzdem, nämlich sein eigenes Herz. Man verrät seine eigene Seele. Um den Preis der Coolheit, der Zugehörigkeit zu allen anderen, die sich auch diesem Dämon verschrieben haben. Um den Preis der äußeren Unverletzlichkeit – denn wenn ich die coole Maske aufsetze, erkennt niemand, wie es mir innerlich geht. Ich gönne es niemandem, meine inneren Verletzungen zu sehen, ich bin cool... Aber mit jedem Moment, in dem man cool ist, verrät man sein Herz und seine Seele trotzdem, denn man bekämpft sogar seine eigenen Empfindungen. Man ist nicht aufrichtig, man empfindet nicht so tief, wie man könnte – und man hat nicht den Mut dazu. Hätte man diesen Mut, könnte man erst wahrhaft man selbst sein. So aber schwimmt man mit in dem großen Strom, der der Standard ist. Man ist ‚cool' – wie alle anderen. Sklave der vorgegebenen Norm...

Es ist also deutlich, dass wir in einer furchtbaren Welt leben. Gerade in der Jugend-‚Kultur' hat das Coole so brutal eingeschlagen, dass man fast ein Ausgestoßener ist, wenn man nicht mitmacht. Man kann also wählen zwischen Einsamkeit und fortwährendem Verrat an der eigenen Seele. Welch eine Wahl!

Aber das, gerade das sind die Situationen, in die Helden *immer* hineingestellt sind! Sie können gleichsam wählen zwischen Tod durch Ertrinken und durch Abstürzen – und sie tun es *trotzdem*. Sie gehen mitten hindurch. Äußerlich haben sie keine Wahl – und sie wählen die Aussichtslosigkeit. Aber sie sind Helden – und schaffen es dennoch. Das ist nicht mehr ‚cool', das ist wahrer Mut. Ein Mut, der sich nicht einmal durch scheinbare Aussichtslosigkeit erschüttern lässt – der unerschütterlich handelt, weil er *sich selbst treu bleibt*.

Was würde es denn über die ‚Freunde' und die ‚Kumpel' aussagen, wenn sie einen fallen ließen, sobald man einen anderen Weg wählt und sich von dem Zwang der Coolness lossagt? Wären es dann noch wahre Freunde? Möchte man sich an die *Illusion* von Freundschaft binden, um zumindest diese aufrechtzuerhalten? Oder möchte man anfangen, wahrhaftig zu sein?
Freunde, die einen fallen lassen würden, *sind* keine Freunde, waren es auch noch nie. Das weiß die Seele doch? Aber vielleicht sind es ja wirkliche Freunde – und bleiben einem auch auf dem neuen Weg treu, spüren vielleicht auch selbst dessen Bedeutung. Vielleicht wollen ja auch gute Freunde die eigene Seele nicht mehr in dieser Weise verraten – vielleicht sehnen auch sie sich ja irgendwie nach etwas ganz anderem...

Aber selbst wenn man Freunde verlieren würde, die lieber weiter das oberflächliche Spiel spielen und lieber ihre ‚Coolness' behalten, als ihr *Herz* zu finden, so wird man doch *neue* Freunde finden können. Solche, die sehr viel mehr wissen, dass man gegenüber der Welt anders empfinden kann, als es die ‚Coolness' fordert.

Man sollte nicht so sehr fragen ‚Was würden meine Freunde dazu sagen?', sondern man sollte auf sein eigenes tiefstes Herz lauschen, auf seine Sehnsucht; schweigend dahin lauschen – und spüren, welche Antwort aus dem tiefsten Herzen aufsteigen möchte. Man möchte doch *man selbst* sein? Und nicht Spielball äußerer Einflüsse und Ängste und so weiter? Dieses ‚man selbst sein' braucht *immer* Mut. Coolness ist gerade der Gegen-Impuls. Coolness ist eine Maske und ein Massenphänomen – es ist gerade das *Nicht*-man-selbst-Sein. Coolness ist Maske, Verleugnung des eigenen Selbst.

Der einzige Punkt, an dem man dies verkennen kann, liegt gerade in dem Massenphänomen selbst. Er liegt in der Vorstellung: ‚Was alle tun, kann doch nicht falsch sein?' Und er liegt in der Massen-Botschaft, die die dunkle Macht fortwährend aussendet.
‚Hab Spaß...! Sei du selbst... Sei so cool wie wir. Genieße dein Leben. Mach, wozu du Lust hast. Sei Teil des Ganzen. Komm – finde deinen Style und mach mit... Auch *du* kannst zu uns gehören. Fang einfach an, so cool zu sein wie wir – und du gehörst dazu...'
Dieses Leben, dieses Bewusstsein war man *gewohnt*. Die Botschaft behauptet gerade, man *wäre* man selbst, wenn man lässig, cool und spaßorientiert wäre. Und man hat diese Botschaft voll verinnerlicht und man *hatte* ja auch die ganze Zeit Spaß, oder nicht? Und man konnte sich ein anderes Leben und ein anderes Bewusstsein auch gar nicht *vorstellen*.

Aber das ist nun anders. Nun weiß man, dass es mehrere Möglichkeiten gibt – und dass die Alternative zu ‚Spaß' nicht ‚kein Spaß' ist, sondern etwas ganz anderes. Die Botschaft der dunklen Macht ist selbst eine *Lüge*. Denn man *ist* nicht man selbst, wenn man die ‚Spaßkultur' und dieses ‚Coole' verinnerlicht und verwirklicht. Man ist ein Teil der eigenen Seele, der dieses Gift verinnerlicht hat – der Sinn des Lebens sei Spaß und Coolness –, aber man ist nicht man selbst. Man ist, grob gesagt, Opfer einer Gehirnwäsche, sogar einer Gefühlswäsche und einer Willenswäsche. Man verwirklicht etwas, was man verinnerlicht hat, bevor man es hinterfragen konnte. *Aber wer ist man wirklich?*

Das ist die eigene Entscheidung. Man selbst bestimmt, *wer* man in tiefstem Sinne sein möchte. Nur sollte man sich davor zunächst ganz radikal von allen Einflüssen befreien – auch von allen Einflüsterungen, die einem seit Jahren eingehämmert haben, dass ‚Coolness' und ‚Finde deinen Style' das Höchste wäre, was es überhaupt gibt, und dass es identisch mit ‚man selbst werden' wäre. Man sollte *nur* auf sein eigenes Herz lauschen und zwar in allertiefster *Aufrichtigkeit*...

Die Seele hat wirklich zwei grundsätzliche, radikale Möglichkeiten. Sie kann für den *Spaß* leben – oder für eine viel tiefere Aufrichtigkeit. Dieser tieferen Aufrichtigkeit geht es nicht um das ‚Chillen', sondern um ein gleichsam heiliges, immer tieferes *Kennenlernen* der Welt. Aber nicht, indem man sich selbstbezogen und spaßfixiert ins ‚Leben', sprich in Partys, Drogen, was weiß ich alles, stürzt, sondern indem die Seele gleichsam viel *innerlicher* in die Welt hineintastet.
Es ist ein radikaler Blickwechsel, aber auch ein radikaler Wechsel des Fühlens und des ganzen Standpunktes. Vorher wollte *ich* ‚Spaß' haben – jetzt möchte ich viel sanfter, viel behutsamer als vorher die *Welt* wahrnehmen, empfinden, mich ihr zuwenden, sie auf mich zukommen lassen. Der neue

Standpunkt ist viel selbstloser, viel hingegebener, in zarter Weise viel neugieriger auf die Welt.

Wieder kann man es in zwei Bildern gesteigert erlebbar machen. Es ist, wie wenn der erste Standpunkt wie ein ‚Obermacker' sagen würde, nachdem er eine Party betreten hat: ‚Okay, wo ist das Bier, wo ist die Musik, ich will Spaß, aber schnell...' Und dann zu den ersten Mädchen, die ihm begegnen: ‚Ey, ihr Süßen, setzt euch zu mir, ich brauche Unterhaltung und bin hier eh der Wichtigste.'
Der zweite Standpunkt aber wäre wie ein Junge, der die Party betreten würde und sich staunend wie ein Kind erst einmal umschauen würde, weil er alles auf sich wirken lassen *möchte*. Weil er spüren möchte, was hier für Menschen sind. Weil er sie ernst nehmen möchte. Jeden Einzelnen in seiner Eigenart wahrnehmen möchte. Nicht sich in den Mittelpunkt stellt, sondern alles andere. Sich ganz der Wahrnehmung öffnend, sich von allem berühren lassend und mehr empfindend als jeder andere, der auf dieser Party ist. Und dann, wenn er sich allem in dieser Weise geöffnet hat, hingegeben an die Wahrnehmung und die sich daran anknüpfenden Empfindungen, die aber nicht seine ‚Meinung' zu allem sind, sondern die aufrichtig aus seinem Herzen aufsteigen ... dann berührt ihn vielleicht in irgendeinem Moment unbeschreiblich, wie ein Mädchen ihr Haar hinter das Ohr zurückstreicht, und in ihm steigt die Sehnsucht auf, sich mit ihr zu unterhalten...

Man muss innerlich spüren, wie hier wirklich Welten zwischen beiden Arten der Wahrnehmung und des In-der-Welt-Stehens liegen. Das eine ist die ‚coole' Art, die lässig ‚Spaß' hat. Das andere ist etwas völlig anderes. Ihr geht es nicht um Spaß, sondern darum, die einen umgebende Welt zu *spüren*, so fein differenziert und so reich wie möglich. Das ist etwas, was über das Wort ‚Spaß' und ‚Genuss' weit, weit hinausgeht. Erst hier begegnet man der Welt wirklich. Vorher ist man eigentlich immer noch ganz mit sich allein, sogar im größten Partytrubel, sogar in der fortwährenden Unterhaltung. Wie sehr ist man wirklich fähig, von *sich* abzusehen? Der Coole ist es überhaupt nicht. Erst wenn die Coolheit *abgelegt* wird, kann die Seele der Welt zutiefst begegnen. Das ist das ganze Geheimnis...

Die Seele kann nur dann ‚cool' sein wollen, wenn sie etwas *darstellen* will (‚hey, schaut, wie cool ich bin'), oder wenn ihr dieses Verhalten als Norm *aufgedrängt* wurde und sie es verinnerlicht hat, weil alle es tun und weil man nun einmal nur so zur Gemeinschaft dazugehört. In beiden Fällen ist es nicht aufrichtig. Im ersten Fall ist es bloße Show – im zweiten Fall ist es Gruppenzwang, äußere Norm. Man kann sich dann noch so ‚individuell' fühlen – in diesem einen Punkt jedenfalls ist man es gerade nicht, ist es keiner von allen, denn sie alle reproduzieren ein nicht-individuelles Gruppenverhalten. Vielleicht mit der Begründung ‚Das macht man heute so' – aber das macht es nicht besser. Denn jedes ‚man' ist eben genau dies: ‚man' ... und nicht ich. Ich kann mich zwar dafür entscheiden, diesem ‚man' zu folgen, aber dann bin ich in dieser Hinsicht nicht individuell, sondern angepasst oder genormt. Oft bis in meinen Willen hinein, denn mir scheint ja, dass ich gar nichts anderes will.
Man kann auch sagen: ‚So *sind* wir halt.' Aber auch das macht es nicht besser – es zeigt nur, dass der Einzelne sich hinter dem ‚wir' versteckt. Er sollte aber einmal versuchen, zu spüren, ob es in seinem Inneren *wirklich* keine anderen Impulse gibt, als diesem armseligen ‚Wir' mit seiner maskenhaften Einseitigkeit und Oberflächlichkeit zu folgen.

Wie gesagt – wenn die Seele selbst keine Bereitschaft hat, in sich hineinzulauschen, wirklich tief und aufrichtig, kann keine Macht der Welt sie davon abbringen, dem bisherigen Weg weiter zu folgen. Es ist *ihre* Entscheidung. Man kann nur dabei mithelfen, dass sie von anderen Wegen weiß. Dass sie weiß, dass es auch *andere* Wege gibt. Und dass sie zumindest ein Stück weit erleben konnte, was diese anderen Wege wären. Wenn sie nicht spürt, dass das Innerste der Seele eine ganz andere Sehnsucht hat, als die Empfindungen fortwährend zurückzudrängen und als fortwährend sich in den Mittelpunkt zu stellen ... dann muss sie den alten Weg noch eine ganze Weile weitergehen...

Aber man möchte der Seele zurufen: ‚O, Seele – du bist kein Lemming. Spüre, was in der Treue der *Helden* lebt! Und spüre, was das heilige Geheimnis der Empfindung ist – und so auch das heilige Geheimnis *deines* eigenen Herzens...!'

Ich möchte jeder jungen Seele danken, die bis hierhin gelesen und ausgehalten hat und diesen Gedanken-, Empfindungs- und Willensweg mit mir gemeinsam gegangen ist. Und ich wünsche ihr die Kraft und den Mut, immer mehr *sie selbst* zu werden.

Die nächsten beiden Kapitel wenden sich nun noch getrennt an die Jungen und an die Mädchen...

Für einen Jungen scheint es sehr schwer, aus dem Zwang zum Coolsein ausbrechen zu können. Jungs standen sozusagen schon immer in der Situation, ‚sich beweisen zu müssen'. Irgendwie, durch irgendwelche ‚Standards' wird dies ‚erwartet' – und jeder Junge fühlt die Erwartung, dies beweisen zu sollen. Es wird ein Nachweis von ‚Stärke' verlangt. Und wie soll man sich beweisen, wenn nicht dadurch, dass man möglichst ‚cool' wirkt?

Und alle anderen tun dies ja auch. Jungs *müssen* sozusagen cool sein. Wenn nicht, werden sie überhaupt nicht mehr anerkannt, gelten schlimmstenfalls nicht einmal mehr als ‚Junge'... Das ist tatsächlich so. Es ist unter Jungen sogar eine Art Schimpfwort, das verwendet wird, wenn ein Junge nicht ‚cool' genug wirkt und diesen Standard nicht mitspielt. Dann sagt man ihm: ‚Du *Mädchen*!'

Aber was wäre, wenn dies das größte Kompliment wäre, was man einem Jungen machen könnte? Denn was wirft man ihm vor? Dass er Gefühle zeigt? Dass er nicht ‚hart' genug ist? Gefühllos genug? Oberflächlich genug? *Was* wirft man ihm vor?

Ist es nicht so, dass früher oder später alle Jungen anfangen, Mädchen zu *lieben*? Wie kann es dann zuerst ein Schimpfwort sein? Das als Schimpfwort benutzte Wort zeigt doch nur an, dass ein solcher Junge den Mädchen viel näher ist als die anderen. Aber die anderen werden es sich auch irgendwann wünschen, einem Mädchen nahe zu sein... Nur, vielleicht werden sie überhaupt nicht geliebt werden, weil sie es nie gelernt haben, wirklich zärtlich zu sein. Oder aufmerksam. Oder zuhören zu können – *wirklich* zuhören...
‚Du Mädchen' mag also unter den Jungen als Schimpfwort gelten – aber das sagt nur sehr viel über die Jungen aus, näm-

lich über ihre eigene Geschmacklosigkeit und Oberflächlichkeit. Die Mädchen werden *diesen* Jungen, der so beschimpft wird, später oder schon jetzt viel mehr lieben als die anderen Jungen. Und das Mädchen, das ihn einst ‚bekommen' wird, weil er sich auch in sie verlieben wird, wird ihm in die Augen schauen, und ihr Herz wird ihm sagen: ‚*Du* verstehst mich... Ich habe mir immer gewünscht, dass mich jemand so sehr verstehen wird...'

Die anderen Jungen werden sich später sehr wünschen, ein Mädchen so glücklich zu machen wie dieser Junge. Aber sie werden es schwerlich schaffen können, wenn sie es nicht lernen, von dem Trip ihrer Coolheit herunterzukommen und ihr Herz einem Mädchen zu öffnen, wozu etwas ganz anderes gehört, als cool zu tun und angeblich cool zu sein.

Vielleicht sind auch die meisten Mädchen, die man kennt, so ‚cool drauf'. Aber – wir haben ja schon gesehen, dass diese Coolheit nur bedeutet, die eigenen Gefühle zu vermeiden und so auch die wahre *Begegnung* zu vermeiden. Natürlich kann man mit dieser Masche immer weitermachen. Man kann diese Maske notfalls sein ganzes Leben lang aufbehalten und nie ehrlich zu sich selbst sein. Dann würde man einander immer nur *nicht* begegnen. Immer nur eine Illusion von Begegnung haben. Umeinander herumleben, glauben, dass man einander begegnet, eine ‚gute Zeit' haben, Partys, Treffen, Chillen – aber es würde immer oberflächlich bleiben. Immer. Bis man diese ganze Masche fallen lässt und einmal einem Menschen *wirklich* begegnet. Einem Mädchen wirklich begegnet. Ohne jede Maske. Ohne alles Coolsein. Wirklich – so, wie man wirklich ist. Mit dem Herzen. Dafür muss man wirklich das Gift der Coolheit aus seiner Seele verbannen. Vielleicht sogar eine Entziehungskur machen. Bis man das erste Mal in seinem Leben ehrlich, aufrichtig und auch tief sein kann. Einem anderen Menschen, einem anderen Mädchen, mit seiner *Seele* begegnen kann. – Vorher kann sich die Seele tief im Inneren nach tieferen Begegnungen sehnen, aber sie wird sie nie haben. Sie muss sich ja erst selbst dazu bereit machen und alle Lügen und allen illusionären Schein und alle Oberflächlichkeit aufgeben. Dann ist sie bereit zu diesem Wunder, das man Begegnung nennt.

Echte Begegnung ist ein Wunder – und sie verlangt manchmal mehr Mut als alles andere. Aber sie ist das Schönste, was es gibt. Begegnung ohne alle Masken, ohne alle Verstellung, ohne allen Schutz. Ohne Oberflächlichkeit. Begegnung von Seele zu Seele. In aller Verletzlichkeit. Aber hier erst wird deutlich, was *Begegnung* ist. Und hier erst würde sich auch zeigen, was *Liebe* ist.

Aber man kann seine ‚coole' Maske in *jeder* Begegnung ablegen. Dann hört man auf, anderen und sich selbst etwas vorzuspielen. Und man fängt an, ehrlich zu sein. Wirklich man selbst. Ohne alle Zutaten, die einen zu ‚mehr' machen sollen, als man ist. In Wirklichkeit machen sie einen zu *weniger*. Solange jemand cool tut, ist er nur irgendein Typ, der diese ganze Masche noch nötig hat – wie alle anderen. Eigentlich ein Anti-Held. Jemand, der keinen Mut hat, einfach nur er selbst zu sein, und zwar *aufrichtig*. Der ‚Coolness-Modus' ist sozusagen eine Art Aufputschmittel – und man wagt es nur damit, anderen Menschen zu begegnen. Weil man ihn als Norm übernimmt, gar nicht anders kann.

Manche Menschen wagen es nur dann, nach draußen zu gehen, wenn sie einen Hut aufhaben, eine Kapuze, eine Sonnenbrille, einen langen Mantel. Der ‚Coolness-Modus' ist auch so eine Maske. Ein bloßer Selbstschutz, der nichts mit dem eigenen tieferen Wesen zu tun hat, der dieses nur verstellt, verbirgt, verwässert und verflacht. Wenn man das alles will – soll man es tun. Nur soll man nicht behaupten, man sei nicht *abhängig.* Man braucht diese Masche, die einem die Individualität nimmt, weil man sich ohne sie nicht traut. Man ist eben – ein Antiheld. Jemand, der genau das machen muss, was auch alle anderen machen. Ein Weichei. Einer, der nie den Mumm hätte, eigene Wege zu gehen. Coolness gilt als cool – und man fühlt sich cool und stark, wenn man cool tut und angeblich ist. In Wirklichkeit ist man schwach. Unfähig, ohne Extra-Schutz, ohne Netz und doppelten Boden durch die Welt zu gehen. Helden brauchen keinen Extraschutz. Sie können *sie selbst* sein. *Das* erst wäre ‚cool' – die ganze coole Masche dagegen ist absolut uncool, eigentlich erbärmlich.

Diejenigen Mädchen, die wirklich Mädchen sind, weil sie sich von dieser ganzen Masche radikal unterscheiden und sie nicht mitmachen, die verachten dieses ganze Getue, weil sie in ihrem Herzen genau wissen, was für eine erbärmliche Flucht vor sich selbst dies eigentlich ist. Jungs und Mädchen im ‚Coolness-Modus', wie er heute allgemein üblich ist – das ist so etwas wie Billigmassenware vom Grabbeltisch. Es hat *nichts* von Individualität, es ist einfach nur reinste Norm. Die Individualität mag durchscheinen, aber sie tut es *trotz* der Coolness, nicht wegen ihr. Die Coolness *nimmt* jedem ganz viel von seiner wahren Individualität. Was durchscheint, ist nur der letzte Rest. Wie gesagt: erbärmlich. Bemitleidenswert. Traurig und schlimm.

Innerlich aber schlummert ein *Held...* Vielleicht wird dieser Held erst viel später den Mut haben, ganz zu erscheinen. Aber er *wird* erscheinen. Und er wird das ganze Getue nicht mehr nötig haben. Er wird sein, wie er ist – *frei* und ehrlich, ganz er selbst. Und das wird seine Seele schön machen. Das – und das, was er in seiner Seele *noch* offenbart. Denn in der Seele eines Helden liegt vieles, sehr vieles...

Stellen wir uns die Seele eines Helden vor. Wie lebt eine solche Seele, wie erscheint sie, wie offenbart sie sich? Und zwar *von selbst*?

Ein wahrer Held besiegt nicht einen einzigen Feind, bevor er nicht *sich* besiegt hat. Ein Held ist zutiefst Herr über sich selbst geworden. Die Gefühlsregungen, die Gedanken, die Willensimpulse, die mit dem Dunklen, dem Niedrigen, dem Oberflächlichen zu tun haben, hat er in sich völlig besiegt. Man kann an einen Shaolin-Meister auf einem hohen Berg denken. Oder an einen weisen König. Oder an einen edlen Ritter. Sie alle haben nicht die geringste Notwendigkeit und den geringsten Impuls, ‚cool' zu erscheinen oder zu tun, denn das wäre einfach lächerlich. Aber in ihnen lebt ein stiller Strom innerer Kraft, der sofort auch äußerlich sichtbar wird, denn auch innere, weise Kraft kann man *sehen*.

Was macht jeden dieser Menschen einzigartig? Der Sieg über sich selbst. Die Tatsache, dass sie in ihrer eigenen Seele die weise Herrschaft haben – und jeder dunklen Macht schon vor langer Zeit die Tür gewiesen haben. Was dann aber noch *in* der Seele lebt, ist nicht kalt oder ‚cool', es ist *warm*. Denn es wird ein Beschützer der Schwachen, ein Helfer der Notleidenden, ein Tröster der Einsamen. Wahre Helden tragen in sich eine Seele voller Verständnis und voller *Güte*. Sie wenden sich den Notleidenden nicht deshalb zu, weil sie so ‚cool' sind, sondern weil sie die Not *empfinden*.
Wie könnte aber ein ‚cooles' Herz je etwas empfinden? Ein ‚cooles Herz' ist ein Widerspruch in sich. Das Herz muss warm sein, um überhaupt etwas zu empfinden, und das Sich-Öffnen für die Not des Mitmenschen *ist* bereits Wärme... Ein cooles Herz würde immer nur sich empfinden, in geheimer Selbstliebe, dass es doch ach so hilfsbereit ist. Mit Coolheit ist einerseits Angst vor den eigenen Gefühlen und andererseits eine geheime Selbstliebe vermischt.

Ein Held braucht das alles nicht... Seine ruhige Stärke speist sich gerade aus der Fähigkeit, *sich* ganz vergessen zu können. Er hat sich doch immer mit dabei? Dann braucht er doch nicht noch cool zu tun. Der Weise sieht in jeder angeblich so coolen Äußerung die geheime Selbstliebe und die Unsicherheit.

*

Und was haben die Helden dann? Was tragen sie in ihrer Seele? Was ist diese Kraft?

Wir wissen es doch bereits. Es ist vor allem die *Treue*. Treue ist eine Kraft. Sie ist das Gegenteil von Beliebigkeit und Heute-so-morgen-so. Sie ist auch das Gegenteil von ,wenn ich Lust habe'.
Viele Menschen halten Treue gar nicht mehr aus oder halten sie für ,altmodisch' – weil sie gar keine *Kraft* mehr haben. Sie wollen nur noch nach der Lust gehen. Aber niemand merkt, wie schwach dies macht, dieses fortwährende Schielen nach Lust und ob es mir gerade angenehm ist. Was dadurch nämlich passiert, ist, dass die Seele so willensschwach wird wie ein Bettvorleger. Sobald sie zu etwas ,keine Lust' hat, kann sie sich auch kaum noch aufraffen – und immer *mehr* nimmt sie sich das Recht, ,im Moment keine Lust' zu haben. Auf diese Weise wird die Seele nach einiger Zeit so schwach wie ein nasser Waschlappen.

Man muss sich wirklich hineinversetzen in den völligen Gegensatz, den dazu die Treue bildet. Da geht es in keinem Augenblick und in keiner Situation darum, ob ich ,Lust' habe. Das würde der Held nicht nur lächerlich und armselig finden, er würde es auch als einen schäbigen, verachtenswerten Verrat an demjenigen empfinden, was diese unbedingte, diese bedingungslose Treue *verdient*. Er denkt nicht einmal an

Lust, weil er ja treu sein *möchte*. Weil die Treue für ihn das Höchste ist – und er demgegenüber die Bequemlichkeit oder das schwankende Hin-und-Her verachtet.

Und wem gilt dann diese Treue? Der Ritter war vielleicht dem König treu – oder der Königin. Aber noch allgemeiner gilt die Treue des Helden *dem Guten* überhaupt.

Eine Vorstufe existierte bei den Pfadfindern. Sie hatten eine eigene Ehre, und dazu gehörte der Grundsatz ‚jeden Tag eine gute Tat'. Das bedeutete nicht, dass man diese Tat dann ‚erledigte' und danach faul und zufrieden war. Es bedeutete eine *Einstellungsfrage*. Es bedeutete, sich als Helfer der Schwachen zu empfinden und es zu lieben, das Gute zu tun. Die Blickrichtung änderte sich völlig. Man fragte sich nicht: Wie kann ich am besten ‚abchillen', sondern: Braucht vielleicht gerade in diesem Moment jemand meine Hilfe? Man war aufmerksam, *wo* man helfen konnte. Dazu kam der Grundsatz, den auch die Ritter der Tafelrunde oder die Musketiere hatten: ‚Einer für alle, alle für einen.' Der Blick galt einfach nicht der Annehmlichkeit und der Faulheit, sondern der Tat, dem Tun des Guten.

Sie alle, die Pfadfinder, die Ritter, die Degenkünstler und die anderen Helden – sie liebten nicht die Hängematte, das armselige ‚Rumchillen', sondern die tätige Linderung von Not, Leiden und Ungerechtigkeit in der Welt. Sie liebten und lieben noch immer das Wahre, das Schöne und das Gute.

Also *Treue* lebt in den Herzen der Helden. Treue und echte Tatkraft. Der Wille der Helden lebt für das *Tun*, nicht für das Untätigsein.

In ihren Herzen lebt auch der Mut. Mut ist ein Teil der Treue. Wie kann man der Wahrheit treu sein, wenn man gar nicht den Mut dazu hat? Wie kann man dem Tun des Guten treu sein, wenn man sich schon schämt, weil die Anderen einen auslachen, dass man nicht so faul ist wie sie? Wenn man sich schämt, weil sie einen auslachen, dass man sich, statt zu chillen, für die Umwelt einsetzt, für Tiere, für arme Menschen, für die kranke Nachbarin? Ist man etwa schon ein Held, wenn man sich noch schämt, einer zu sein? Nein. Man muss schon auch den *Mut* haben, das Gute zu tun – und sich eher dafür zu schämen, dass die Anderen so faul und ignorant sind. Ein Held *weiß*, was das Richtige ist, und er tut es mit ganzem Herzen. Wenn man etwas aus tiefster Überzeugung tut, muss man sich nicht schämen. Dann müssen sich nur die anderen schämen, dass sie keine Überzeugungen haben – sondern sich von ihrer Lust und vor allem ihrer Unlust leiten lassen.

Ein Hund lässt sich von den Duftmarken der anderen Hunde leiten. Die Faulen lassen sich von den Duftmarken ihrer eigenen Unlust leiten – und von dem bequemen Kollektivzwang. Der Faule ‚chillt' lieber, als irgendetwas anderes zu tun. So sieht die Seele von Antihelden aus. Der Held ist tätig, wo er kann, und hat schon vor langer Zeit das Tätigsein *lieben* gelernt. Aber dafür muss man eben seinen Willen üben – und nicht den Willen durch fortwährendes Chillen *lähmen*. Der, der in seinem Herzen wirklich eine Liebe zum Guten hegt, wird doch auf das Tätigwerden nicht um eines sinnlosen Herumhängens verzichten wollen. Er wird all das, was unter den Faulen so begehrt ist, als sinnlose Zeitverschwendung, wirklich als Verschwendung von Lebenszeit betrachten. Und wenn er einmal scheinbar äußerlich nichts tut, wird er zumindest das Bedürfnis und die Sehnsucht nach tiefen Gesprächen haben, nach echter, wahrer Begegnung mit Menschen, die ihm viel bedeuten – oder nach etwas anderem Wesentlichem.

Aber es muss gar nicht in jedem Helden ein überschäumender Tatendrang und eine unerschöpfliche Tatkraft leben. Die Liebe zum Guten kann sich auch viel stiller offenbaren. Das sind dann die Helden mit einer noch stilleren, feineren Seele. Die sich eher zurückhalten, aber darum das Gute nicht weniger lieben. Ihre Abneigung gegenüber dem sinnlosen ‚Chillen' ist vielleicht noch tiefer. Sie machen sich zu vielem viele und tiefe Gedanken. Sie beobachten sehr fein – und sie urteilen sehr gerecht.

Auch diese stillen Helden haben Mut. Mut hat jeder, der sich nicht scheut, seinen Weg auch außerhalb der Masse zu gehen, lieber seinen eigenen Empfindungen zu folgen als den Vorgaben einer Gruppe.

Immer aber geht es um die Treue – um die Treue zu den eigenen Überzeugungen und eine ureigene starke Liebe zum Guten. Und diese Liebe ist stärker als alle Bequemlichkeit, als aller fauler Hang zum Abhängen, Chillen und so weiter. Der Held hat viel zu sehr eine Liebe zu etwas *Essenziellem*, als dass er seine Zeit mit Nichtstun oder sinnlosen Tätigkeiten vergeudet, die er alle als Untätigsein empfindet. Tausendmal lieber, als ‚shoppen' zu gehen oder sich von einer oberflächlichen Serie umgarnen zu lassen, selbst wenn sie in aller Munde wäre, liest er ein gutes Buch...

Wer wird wohl später – oder schon jetzt – etwas dazu beitragen können, dass die Welt gerettet wird und ein besserer Ort wird? Der, der schon jetzt lieber ‚shoppen' geht und Serien guckt, als sich Gedanken zu machen? Oder der, der sich Gedanken macht und eine tiefe *Sehnsucht* nach einer solchen Welt hat und in dessen Herz ein tiefer Wille lebt, etwas dazu beizutragen?

Eine aufrichtige, echte, willensstarke, treue Liebe zum Guten – das ist es, was Helden ausmacht. Und in dieser Aufrichtigkeit der Verzicht auf allen Firlefanz ‚coolen' Gehabes. Ein Held hat so etwas nicht nötig. Es ist nichts als albernes Getue. Es hält die Seelen davon ab, wirklich *sie selbst* zu sein. Wer noch cool sein muss, lebt hinter einer Maske. Die Helden aber zeigen den Menschen, wie man *ohne* Maske leben kann. Ohne Maske, aber dafür mit innerer Substanz.

*

Und dann gibt es da noch die Mädchen. Man kann alle Unterschiede überspielen und sogar alle Gefühle, die man gegenüber manchen oder *einem* Mädchen hat. Aber dann bleibt man bei dem Unaufrichtigen und Oberflächlichen, das dem ‚Coolen' so eigen ist.

Die Begegnung mit den Mädchen ist zunächst um so weniger peinlich, je mehr man so tun kann, als ob gar nichts ‚wäre'. Dann ist es natürlich relativ leicht. Aber natürlich gibt es Mädchen, wo sehr wohl etwas ‚ist'. Und was ‚ist' dann, was ist dieses ‚etwas'?

Dieses etwas ist ein Sich-Verlieben. Dieses kann verschiedene Gestalt und Tiefe haben. Immer aber ist es ein *Berührtwerden* – ein Berührtwerden von dem Wesen und der Erscheinung bestimmter Mädchen. Man kann schon an den Worten sehr viel empfinden, wirklich empfinden und verstehen, um welche innere Realität es geht. Ein Berührtwerden ist nicht nichts, es ist sehr viel. Das Meiste, dem man begegnet, berührt einen nicht tiefer. Wenn die Seele also *berührt* wird, und zwar sehr deutlich, sehr tief, dann ist das etwas sehr Besonderes, was nicht ohne Folgen bleibt, sondern von der Seele sofort erwidert wird...

Im Grunde ist es bereits diese Erwiderung, die man spürt, zugleich auch mit spürt. Und hier setzt sich das Wunder der Worte fort, die sehr genau beschreiben, was geschieht. Denn man fühlt sich von einem solchen Mädchen nicht nur berührt, sondern *weil* sein Wesen und seine Erscheinung einen so berührt, fühlt man sich von ihm *angezogen*, zu ihm *hingezogen*. Und man fühlt eine *Zuneigung* zu dem Mädchen, die Seele neigt sich und ihre Liebe diesem Mädchen zu...

Das alles sind wunderbare Worte, weil es wunderbare, im Grunde zutiefst heilige Prozesse sind, die in der Seele dann beginnen. Berührung, Anziehung, Zuneigung... Man kann sich dieser Wirklichkeiten schämen – oder man kann sie als heiliges Wunder empfinden.

Natürlich kann man das alles auch überspielen und es als etwas ‚ganz Natürliches' nehmen. Wiederum ein wenig so, als ob es ‚gar nichts wäre'. Und wenn das Mädchen genauso denkt, dann ist man eben schon ein paar Tage oder Stunden später dabei, einfach miteinander ‚rumzumachen'. Das klingt sehr natürlich und auch sehr cool, aber etwas geht dabei verloren. Das, was sehr oft verlorengeht, ist eine wirkliche Romantik. Was aber *immer* verlorengeht, ist eine ganz bestimmte, schwer zu beschreibende *Zartheit* der Begegnung. Eine Zartheit, die auch wiederum damit zu tun hat, dass eine solche Begegnung zwischen einem Jungen und einem Mädchen etwas Heiliges sein sollte – oder könnte.

Die, die einfach anfangen, ‚rumzumachen', werden das, was hiermit gemeint ist, niemals kennenlernen, es wird ihnen für immer entgehen. Denn sie gehen viel zu grob und viel zu gewöhnlich an die Begegnung mit einem Mädchen heran. Es wird gewiss auch ihnen etwas bedeuten, aber gleichzeitig machen sie es durch ihr eigenes Verhalten zu etwas viel zu Gewöhnlichem.

Man kann eigentlich sagen: Je schneller es zum ‚Rummachen', zum Küssen und so weiter kommt, desto gewöhnlicher ist die ganze Art der Begegnung, auch wenn es um eine ‚Beziehung' geht.

Die Begegnung mit einem Mädchen kann etwas absolut Einzigartiges sein, aber dann muss man es auch so nehmen und empfinden. Die Begegnung mit einem Mädchen kann in einer heiligen Weise weit über alle anderen Erlebnisse hinausragen, aber dann muss man es auch so heilig nehmen... Wenn man das gar nicht will, wenn es letztlich etwas Gewöhnliches bleiben soll, weil man Angst vor dem absolut Außergewöhnlichen hat – oder vor einer Enttäuschung –, dann gründet man diese Begegnung nicht auf Liebe, sondern eben auf Angst. Angst und Gewöhnlichkeit bewegen aber den Antihelden, nicht diejenige Seele, die den Mut zum abgrundtief Besonderen hat.

Man kann ‚das mit der Liebe' ganz auf Sparflamme halten, man kann den ‚Coolen' spielen oder zum Beispiel ganz plötzlich ‚rummachen', ohne dass es dafür einen langen Weg brauchte. Aber damit nimmt man sich für sein ganzes Leben die einzigartigste Erfahrung, die man machen kann – die Begegnung mit einem *Mädchen*.

Die Schwierigkeit in der heutigen Zeit ist, dass man besonders dann, wenn man sich in Cliquen oder anderen größeren Zusammenhängen bewegt, in ‚Beziehungen' einfach so ‚hineinrutscht' – weil auch die anderen einfach plötzlich ‚rumzumachen' beginnen oder weil man sich vor der Gruppe schämt, eine Begegnung ganz anders und viel tiefer zu gestalten, als es die anderen tun. Aber man kommt immer wieder zu demselben Erlebnis: Für das *Außergewöhnliche* braucht man Mut. Immer.

Vielleicht braucht man schon Mut, über die Liebe und über die Beziehung zu einem Mädchen (die vielleicht noch gar nicht da ist, weil man vielleicht noch nicht einmal weiß, ob das Mädchen die eigenen Empfindungen erwidern würde) so tief und so heilig zu *denken*, wie es scheinbar niemand sonst tut. Aber damit fängt es eben an. Wenn man über die Liebe nur ganz gewöhnlich denkt, dann wird sie auch genauso gewöhnlich werden und nicht anders. Dann hat man auch nichts anderes verdient. Und wer sich seiner eigenen heiligen Gedanken *schämt*, der verrät das wahre Wesen seiner Liebe immer noch. – Man muss also dahin kommen, überhaupt hohe, heilige Gedanken zu *haben* – und dann auch noch dahin, sich ihrer nicht zu schämen... Zwei Herausforderungen auf einmal. Auch das ist wieder eine Aufgabe, die nur Helden bestehen können.

Solange man in einem Mädchen nur ein Mädchen sieht, bleibt es auch nur ein ‚Nur'. Aber warum sollte es einen dann so anziehen? Weil man es schöner oder besonders sexy findet? Was ist es, was einen so anzieht, so berührt? Oder zieht es einen nur an und *berührt* einen gar nicht wirklich? Was ist mit diesem einen Mädchen...?
Vielleicht muss man es überhaupt erst üben, einen Menschen *wirklich* besonders zu finden. Die bloße Anziehung reicht nicht, damit aus einer gewöhnlichen Seele etwas anderes wird. Dann ist eben Anziehung da, man beginnt nach kurzer Zeit, rumzumachen – und schon hat man eine Beziehung. Das ist ein sehr *gewöhnlicher* Weg, der die ganze Seele gewöhnlich lässt. Aber wie kommt man dahin, einen anderen Menschen, ein Mädchen, abgrundtief *besonders* zu finden?

Zuerst muss man das überhaupt wollen. Dann braucht man den Mut dazu. Erst dann kann man überhaupt anfangen, wenn es nicht ohnehin schon besonders *ist*. Und womit kann man dann anfangen? Man kann anfangen, das Mädchen zu *bewundern*.

Vielleicht sagt man sich sofort: Wieso bewundern? Ich weiß doch, wer sie ist. Ich will sie doch nicht ‚bewundern', ich will sie küssen. Und ich will, dass sie mich küsst. Oder so etwas.

Aber der Punkt ist, dass die Seele sich damit fortwährend in etwas stürzen will, das um so schneller gewöhnlich wird, als es gewöhnlich bleibt, von vornherein. Und dass sie gar nicht weiß, was ihr entgeht, wenn sie es *so* anfängt. Ihr entgeht das ganze wirkliche Wunder.

Es ist ein wirkliches *Wunder*, was sich ereignet, wenn die Seele wieder lernen kann, tief etwas zu bewundern. Das kann sie nämlich heute überhaupt nicht mehr. Sie muss es erst wieder lernen. Und sie darf keine Angst davor haben. Sie muss den Mut haben, die *tiefsten* Empfindungen zu haben – und sie alle an dieses *eine* Mädchen zu knüpfen. Das Mädchen muss von einem ein bisschen außergewöhnlichen Mädchen zu etwas werden, was die eigene Seele abgrundtief ... *verehrt*.

Wenn die Empfindungen so tief werden, dass ein einziger Blick des Mädchens den ganzen Tag mit einem heiligen, silberhell glänzenden Licht überhaucht ... dann weiß man, wie tief und heilig die Empfindungen einer Seele sein können. Wenn sie so tief werden, dass ein einziges Lächeln des Mädchens das ganze Innere mit seligen Wellen durchströmt, dann weiß man, was ein Wunder ist. Dieses Mädchen ist für einen dieses Wunder geworden...

*

Kann man innerlich schon diesen Gedanken gar nicht begreifen? Oder spottet man über ihn? Hält man ihn für völlig unmöglich? Dann möge man die tiefste Liebe, die möglich ist, gleich mit für unmöglich halten und über sie spotten.

Oder denkt man, dass man dann bloß idealisiert, was in Wirklichkeit gar nicht wahr ist? Aber vielleicht ist das Problem gerade, dass die Welt *aufgehört* hat, zu idealisieren? Vielleicht hat sie damit aufgehört, zu sehen, was sehr wohl da ist. Was ist, wenn einem zum Beispiel die Welt heilig ist, die Natur, das Leben jedes einzelnen Tieres? An solchen Fragen kann man sehen, dass man niemals objektiv entscheiden kann, was ‚heilig' ist – sondern diese Frage entscheidet sich immer in der *Seele*. Und man kann nicht sagen, dass sie etwas heilig ‚nimmt', was gar nicht heilig wäre, sondern es könnte sehr wohl sein, dass sie vielleicht als einzige fühlt, dass etwas real heilig *ist*.

Wenn also die Seele beginnt, ein einzelnes Mädchen zu verehren, weil es ihr in seiner ganzen Art, seinem ganzen Wesen auf einmal wie ein *Engel* erscheint, oder so etwas, dann kann es genauso gut sein, dass sie endlich begonnen hat, dies zu *sehen* – während alle anderen es noch immer nicht sehen...

Natürlich besteht auch die Möglichkeit der Enttäuschung und damit der Täuschung, denn ent-täuscht kann man ja nur werden, wenn man sich vorher getäuscht hat. Aber so einfach ist es dennoch nicht. Denn man kann sehr wohl etwas gesehen haben, was das Mädchen sogar *selbst* noch nicht weiß. Vielleicht ist sein Wesen dennoch viel engelhafter als das, was es verwirklicht. Und vielleicht sieht der Junge sogar das, was das Mädchen sein *könnte*...

Idealisieren bedeutet zunächst nichts anderes, als unendlich viel mehr zu sehen und zu glauben als die anderen, vielleicht sogar als der betroffene Mensch selbst.

Wenn ein Lehrer an einen Schüler glaubt, felsenfest, obwohl sogar der Schüler selbst nicht an sich glaubt – ist das dann ein Idealisieren? Ja, das ist es – aber es beruht auf *Wahrheit*. In jedem Menschen schlummert wirklich und wahrhaftig das Allerbeste – und wenn man sich verliebt, *sieht* man dieses. Man sieht das Allerbeste und man glaubt an das Allerbeste. Das ist Idealisieren – und dennoch ist es ganz und gar wahr.

Und dennoch kann man enttäuscht werden. Denn ein Mensch kann sein Allerbestes immer auch verfehlen...

Liebe sieht nie nur das, was ein Mensch ist, sondern auch das, was er sein und werden könnte – und die Seele verliebt sich in *beides*.

Die tiefste Liebe *verehrt* das geliebte andere Wesen. Das bedeutet nicht, dass sie es in sklavenhafter Weise ,anbetet', es bedeutet, dass sie für dieses andere Wesen die allertiefsten, heiligsten, zartesten Empfindungen hat. Es ist eben eine Qualität des Empfindens, die sich fast nicht in Worte fassen lässt. Aber das ,Anbeten' war früher *selbst* die allerheiligste Empfindung, die die Seele hatte – heute macht man sich allzu schnell darüber lustig. In Bezug auf das heilige Verliebtsein bedeutet dies, das die Seele schon ein heiliges Glück empfindet, wenn sie nur in der *Nähe* des geliebten Wesens ist. Es ist von ihrem Wesen her zunächst eine ganz heilige Empfindung. Es bedeutet noch keinerlei direkte Sehnsucht nach einem Kuss oder noch ganz anderer Nähe. Es bedeutet nur heilige Sehnsucht und Zuneigung *überhaupt*.

Es bedeutet auch nicht sofort heftigen Liebeskummer, wenn das angebetete Wesen noch oder aber generell ,unerreichbar' ist. Sondern diese zarte Verehrung der Seele für das geliebte andere Wesen bedeutet eine unendlich *zarte*, innige Liebe, die sich selbst so sehr vergessen kann, dass sie wie gesagt schon glücklich ist, wenn sie diesem geliebten Wesen *nahe* sein darf... Das ist Verehrung. Noch keinerlei ,Besitzenwollen' oder so etwas, sondern scheueste, aufrichtigste Bewunderung... Es *ist* Anbetung, wenn man diesen Begriff nur heilig genug nehmen kann. Denn dieses eine Mädchen ist der Seele nun das Heiligste, was es gibt. Sie liebt es mit einer Bedingungslosigkeit, die es nur dem Heiligen gegenüber gibt...

Gerade diese Empfindung führt ja auch dazu, dass man gar nicht glauben kann, dass diese Liebe *erwidert* werden könnte. Denn würde dieses wunderbare, heilige Wesen diesen ganz gewöhnlichen anderen Menschen, der man ja ist, je lieben können? Würde man der Liebe dieses einzigartigen Mädchens überhaupt würdig sein?

Und auch darum ist dies die tiefste nur mögliche Liebe. Nicht nur, weil man dieses Mädchen so heilig liebt, sondern auch, weil man, wenn es diese Liebe vielleicht erwidert, etwas zutiefst Heiliges geschenkt bekommt – nämlich *seine Liebe*... Kann man das denn nicht verstehen? Wenn ich einen Engel liebe, dann bekomme ich, wenn der Engel meine Liebe erwidert, die Liebe eines *Engels*. Wenn ich ein gewöhnliches Mädchen liebe, weil man irgendwann eben ,rummacht', bekomme ich die Liebe eines gewöhnlichen Mädchens – und auch meine Liebe bleibt gewöhnlich. Und dazwischen gibt es alle Zwischenstufen – je nachdem, wie sehr die Seele dazu fähig ist, zu *idealisieren*. Und wir vergessen nicht, was das bedeutet: eine Stufe der Wirklichkeit zu erreichen, die anderen Seelen, die nicht idealisieren können, verschlossen bleibt.
Die Liebe ist immer heilig. Aber sie kann so heilig werden, dass man einen Engel liebt – und die Liebe eines Engels bekommt. Die Frage ist vielleicht nur, ob man sich mit weniger zufriedengibt...

Es geht ja nicht darum, dass man ein Mädchen dazu bringen will, sich wie ein Engel zu verhalten. Wie verhält sich überhaupt ein Engel? Sondern man *empfindet* ihm gegenüber ja längst so, als wäre es ein Engel. Die Frage ist dann nur noch: Ist man überhaupt würdig, diesem Engel unter die Augen zu treten? Das heißt, in Wirklichkeit wird durch diese heiligen Empfindungen gegenüber diesem Mädchen auch das Beste in einem *selbst* hervorgerufen. Und auch dies nicht, weil man sich dazu gezwungen fühlt, sondern weil man diesem zutiefst geliebten und verehrten Wesen würdig sein *will*. Das wirkliche, das heilige und aufrichtige Idealisieren zwingt *nie*, sondern es erweckt. Es erweckt selbst das Heilige. In dem geliebten anderen Wesen *erkennt* es das Heilige, erweckt also die eigene Wahrnehmung. Und in einem selbst erweckt es den Willen, dem geliebten anderen Wesen würdig zu sein und würdig gegenübertreten zu können – um auch von *ihm* gesehen und erkannt zu werden...

*

Und mit alledem sind wir von dem ‚Coolen' so unendlich weit abgekommen, wie es kaum zu glauben ist. Aber das gerade ist ja diese wesentliche Tatsache: dass das ‚Coole' und das Heilige immer einen völligen Gegensatz bilden. Deswegen gilt das Heilige ja auch als ‚uncool', weil die Mächte, die hinter dem ‚Coolen' stehen, alles Heilige in der Seele gerade *vernichten* wollen. Die Seele soll unfähig werden, etwas als heilig zu empfinden. Sie soll auch unfähig werden zu idealisieren. Cool ‚rummachen', das darf sehr gern sein – aber ein Mädchen verehren, das möchte die dunkle Macht *absolut verhindern*.

Das Coole und das Heilige sind absolute Gegensätze – und die dunkle Macht möchte alle tieferen Empfindungen in der Seele auslöschen. Die tiefsten Empfindungen aber sind die, mit denen die Seele beginnt, etwas heilig zu halten – sei es ein zutiefst geliebtes und verehrtes Mädchen, sei es die Natur, sei es Frieden, Gerechtigkeit für alle Menschen, sei es irgendetwas, was mit dieser Sphäre des Wahren, des Schönen und des Guten zu tun hat. Die dunkle Macht möchte nicht, dass *irgendetwas* verehrt wird. Es sei denn sie und alles, was von ihr beeinflusst wird, Macht, Lüge, das Gewöhnliche, das

Oberflächliche, das, was die Empfindungen abschwächt oder sogar aufsaugt, verschwinden lässt...

Wir können jederzeit empfinden, in was für einem unglaublichen Kampf wir fortwährend stehen. Wir müssen es nur wollen. Aber die Seele hat nicht umsonst eine Sehnsucht nach solchen Bildern, wie sie sie etwa in ‚Herr der Ringe' findet. Sie braucht nur den Mut, die zunächst schier unglaubliche Tatsache ernst zu nehmen, dass der größte Kampf in der *Wirklichkeit* stattfindet – in der vollen Wirklichkeit, in der die Seele sich *befindet*.

Die dunkle Macht kämpft *fortwährend* – und sie möchte, dass die Seele nie, nie erwacht. Denn dann würde alles immer so weitergehen wie bisher. Es sei denn, die Seele empfindet irgendwann eine zunehmende Sehnsucht nach Tiefe, weil sie beginnt, die leise Stimme ihres reinsten Teiles zu hören oder irgendetwas von dieser Stimme. Aber selbst dann muss sie noch nicht erwachen, könnte durchaus auf einer nur etwas anderen Stufe noch immer weiterschlafen, wiederum zufriedengestellt mit einer etwas größeren Tiefe.
Die dunkle Macht *möchte*, dass das so bleibt. Und sie tut alles dafür. Sie macht das Heilige lächerlich. Sie macht das ‚Coole' so verführerisch wie möglich. Sie steht auch hinter jedem Gruppenzwang. Sie tut alles, damit das Heilige aus dieser Welt verschwindet – und auch aus den Seelen. Schon jegliche *Sehnsucht* nach dem Heiligen soll verschwinden. Weil aber diese Sehnsucht immer wieder neu aus dem reinsten Teil der Seele entspringt, zu dem die dunkle Macht keinen Zugang hat, macht sie alles, was mit dieser Sehnsucht zu tun hat, lächerlich – oder verfälscht es.
Im Grunde ist dann auch ein Film wie ‚Herr der Ringe' für die dunkle Macht ein willkommener Ersatz für die echte Sehnsucht – denn diesen Film kann man wieder genießen, um nicht *selbst* etwas zu tun, nicht selbst den Kampf zu erkennen

und zu beginnen... Die dunkle Macht nutzt wirklich *alles*, um die Seele von diesem Einen abzuhalten. Alles.

Worin besteht dann der Kampf? Im Erkennen dessen, was die dunkle Macht will. Und im Erkennen dessen, was in dem reinsten Teil der Seele lebt. Und im Verstärken der Sehnsucht der übrigen Seele, sich mit diesem reinsten Teil zu vereinen, für den Kampf gegen die dunkle Macht zu verbünden, die gerade nichts anderes will, als den ganzen übrigen Teil von demjenigen Teil, den sie nicht erreichen kann, *abzutrennen*.

Der Kampf besteht darin, das, was in der Seele als Heiliges lebt, gerade als dieses zu erkennen: als das Heiligste, das Schönste, das Wahrste und das Beste, was die Seele kennt... Es wahrhaft zu lieben und zu erkennen, dass das, was die Seele selbst als heilig erlebt, niemals ‚uncool' sein kann. Es bedeutet, absolut ernst zu machen mit seinen allertiefsten Empfindungen und diese nicht mehr zu verleugnen und zu verraten. Denn solange man sie verrät, hat die dunkle Macht gewonnen, hat sie den einen Teil der Seele, mit dem man sich identifiziert, von dem anderen, in dem diese heiligsten Empfindungen leben, abgetrennt. Erfolgreich. Der Kampf besteht darin, sich nicht mehr trennen zu lassen.

Man könnte sich vorstellen, dass dieser reinste Teil der Seele, den man vielleicht kaum kennt – wenn man ihn wirklich kennen würde, würde man gleichsam fast erschrecken, *wie* rein dieser Teil ist –, man kann sich vorstellen, dass dieser heilige Teil der Seele selbst wie ein Mädchen ist, das von der dunklen Macht gefangen gehalten wird. Es ist absolut unschuldig – aber die dunkle Macht hat alle Macht über es. Und der Einzige, der es retten kann, ist man selbst, denn es ist das *eigene* Mädchen, und es hofft nur auf *Einen*, es kennt nur *einen* Retter...

Bleibt die Seele aber mit der Coolheit verbunden, dann unterlässt sie fortwährend jeden Versuch der Rettung, ja, sie verspottet jenes Mädchen noch, das so sehr auf seine Rettung hofft... Dieses Mädchen ist absolut hilflos. Aber zugleich ist es die Quelle all dessen, was auch das Leben der übrigen Seele lebenswert macht, ja, was sie überhaupt am Leben hält. Das alles ist dieses unschuldige Mädchen – aber die dunkle Macht hält es gefangen. Und beide Teile der Seele sind absolut getrennt, obwohl das Mädchen lautlos fortwährend darum bittet, es zu retten...

Und nun schließen sich die Geheimnisse zusammen... Denn warum liebt ein Junge ein Mädchen so sehr? Was liebt ein Junge an einem *Mädchen*? Was ist es, was er so liebt? Etwa nur den schönen Leib, der so viel sanfter ist als der eigene? Ist es nur das? Oder ist es auch die *übrige* Sanftheit – die ebenfalls viel größer ist als die eigene, oder sogar der völlige Gegensatz, weil ein Junge ja nun einmal nicht wirklich sanft ist? Ein Junge sollte sich wirklich einmal sehr tief fragen, was er an diesem einen Mädchen so innig, so unendlich liebt...

Die Liebe zwischen Jungen und Mädchen besteht tatsächlich in dem, was, wenn wir jetzt von dem Jungen ausgehen, ein Junge nicht *hat*. Das Mädchen hat es, aber der Junge nicht – und er liebt es in dem Mädchen gerade...

Wenn es nicht bloß die körperliche Anziehung ist, kann es doch auch gar nicht anders sein. Es *muss* etwas sein, was darüber hinausgeht. Und es muss etwas sein, was der Junge nicht hat – denn sonst würde er nur das lieben, was er selbst auch hat. Das kann ihm ja sehr sympathisch sein. Aber lieben tut er das, was er *nicht* hat. Gerade das, was ihm fehlt, liebt er an dem Mädchen so innig, so abgrundtief. Kann man das nicht empfinden, spüren?

Und was ist das dann? Was macht denn ein *Mädchen* aus – im Gegensatz zum Jungen? Was ist dieses so unglaublich Andere, dieser heilige Gegensatz, der die Liebe des Jungen so entzündet, so anzieht?

Entgegen aller ‚Emanzipation' *ist* es die Sanftheit der Mädchen. Sie mögen das überspielen, überdecken, so tun, als wäre das nicht da – aber es *ist* da. Von ihrem *Wesen* her sind die Mädchen viel sanfter als die Jungen. Und ich spreche jetzt nicht von den Mädchen, die ‚Zickenkriege' führen, die nachtragend sind, eifersüchtig oder was auch immer, das alles ist sozusagen nur die Karikatur des Mädchens, ich spreche von dem *Wesen* der Mädchen.

Und wenn das Wesen der Mädchen ihre *Sanftheit* ist, dann geht daraus alles andere hervor. Sie haben mehr Verständnis, sie suchen mehr die Harmonie und tun mehr dafür, sie lieben den Frieden, sie sind kooperativer – es gibt *so viel*, was man gar nicht gleich in Worte fassen kann, was aber alles mit den Mädchen zu tun hat, weil es *sie* umgibt und nicht die Jungen; weil es von ihnen ausgeht und nicht von den Jungen.

Das mag wieder ‚idealisiert' klingen – aber inzwischen wissen wir doch, dass wir idealisieren müssen, um überhaupt die Wirklichkeit erkennen zu lernen. Es ist vielleicht das *ideale* Wesen der Mädchen – aber das ändert nichts an der Tatsache, dass es das (wenn auch vielleicht ideale) Wesen der *Mädchen* ist. Vielleicht ist es fast auch das ideale Wesen der Jungen. Und trotzdem bliebe ein Unterschied. Und das ist der Unterschied zwischen Mädchen und Junge, nicht nur im Körperlichen, sondern auch im Seelischen. Auch in der *Seele* bleibt im Mädchen etwas sanfter als im Jungen – und das ist der Unterschied. Es ist ein *heiliger* Unterschied. Und es ist der tiefste Grund, warum ein Junge ein Mädchen so sehr liebt...

Und nun kann man sich fragen: Wer hat auf der Welt wohl *mehr* Sehnsucht nach Frieden, nach Schutz der Natur, nach einem Schutz der Tiere und all diesem, und wessen Sehnsucht ist wohl tiefer und aufrichtiger – die der Jungen oder die der Mädchen...?
Und wer geht mit der Natur und allem anderen wohl achtloser um...

Das alles ist es, was ein Junge an einem Mädchen so innig lieben kann. Ein Mädchen ist viel, viel empfindsamer als ein Junge. Um den Unterschied wirklich zu spüren, könnte man sagen: Ein Junge kann ein Mädchen lieben, aber ein Mädchen kann die ganze *Welt* lieben. Und gerade deshalb liebt der Junge das Mädchen – genau deshalb...

*

Und nun könnten die Jungen mit Hilfe der viel empfindsameren Mädchen *erkennen*, in welchem Kampf sie stehen – in welchem Kampf wir alle stehen, ohne es zu wissen. Es geht fortwährend um den Kampf zwischen Gut und Böse, und zwar viel dramatischer, als man es sich zunächst vorstellt.

Der Kampf besteht darin, dass die dunkle Macht *fortwährend* versucht, jede einzelne Seele vom radikal Guten abzubringen – und dies auch schafft. Sie schafft es immer, meist auch bei den Mädchen. Und es sind *Augenblicke*, in denen der Mensch ganz mit dem Guten vereint ist, weil er zum Beispiel ein reines Mitleid empfindet und in einem Moment eine reine Liebe zum Guten. In allen anderen Momenten, die das ganze Leben bilden, ist dies *weniger* oder nicht vorhanden.

Und die Seele kann dies alles hinnehmen, oder sie kann sich in erschreckender Klarheit bewusst machen, dass dies gerade der *Kampf* ist, den die dunkle Macht führt. Und gewinnt.

Denn dieser Kampf erklärt *alles*. Sowohl das ganze Furchtbare in der Welt als auch die ganze Gleichgültigkeit der Seelen angesichts dessen. Nur deshalb sieht die Welt aus, wie sie ist. Nicht wegen einiger Weniger, gegen die man ‚sowieso nichts machen' kann, sondern wegen uns allen. Wegen der Tatsache, dass die dunkle Macht siegt und siegt und siegt... In jedem Einzelnen.

Sie ist an einem völligen Sieg gleichsam gar nicht interessiert, es reichen ihr die ‚Geländegewinne' in der Seele, die sie erzielt. Ihr reicht die Schwächung der Macht des Guten, die sie erreicht. Das ist ihr vollkommen genug, damit ist sie sehr zufrieden, bereits das ist ihr Sieg. Die Schwächung dessen, was in der Seele *allein* leben sollte... Dass man sich zum Beispiel für ‚gut' *hält*, obwohl man in Wirklichkeit bereits so unglaublich gleichgültig geworden ist. Das ist der fortwährende, große Sieg der dunklen Macht. Man ist nicht wirklich ganz man selbst. Man ist bereits Teil *ihres* Spiels, ohne es zu wissen...

Dasjenige in der eigenen Seele, was angesichts dieser Erkenntnis *bestürzt* sein würde, *das* ist man selbst. Dasjenige, was beginnt, diesen Kampf und das Vorgehen der dunklen Macht zu verstehen, zu erkennen – und was sich dagegen wehrt und dies nicht weiter zulassen möchte ... das ist man selbst. Das ist der reinste Teil der Seele, der man viel mehr selbst ist als dieser gleichgültige Teil, der an *sich* denkt, an den eigenen Spaß und so weiter – was gerade die dunkle Macht einem einflößt...

Es ist diese dunkle Macht, die es schafft, die Seele dazu zu bringen, an *sich* zu denken – und indem sie, die Seele, dies tut, vergisst sie das Andere. Vergisst sie, sich darum zu kümmern. Vergisst sie, es zu lieben. Vergisst sie, dass sie für dies alles *verantwortlich* ist... Und die Seele, die von der dunklen

Macht besiegt und vergiftet wurde, sagt sich: ‚Ich? Wieso sollte ich für irgendetwas verantwortlich sein? Bin ich Jesus? Ich habe das alles nicht getan, und ich kann so leben, wie ich will. Und wer mir was anderes erzählt, dem sage ich: Chill mal, Alter.'

Jeden einzelnen dieser Gedanken legt *die dunkle Macht* der Seele nahe...

Das Mädchen aber, wenn es seine Seele von der dunklen Macht freigehalten hat, denkt so nicht und würde auch nie so sprechen. Sein Herz, das von der dunklen Macht rein geblieben ist, *fühlt* die Verantwortung. Und das ist das Mysterium: Das reinste Herz, das am *wenigsten* für alles verantwortlich ist, fühlt die größte Verantwortung. Das aber ist gerade das leuchtende Wunder des Guten: für alles Einzelne eine Verantwortung zu empfinden, obwohl man an nichts schuld ist... Denn es geht nicht um die Frage der Schuld, sondern um die Frage der Verantwortung. Ein reines und gutes Herz kann die Verantwortung gar nicht *nicht* empfinden... Es empfindet sie *immer*, weil es nämlich das furchtbare Gift der Gleichgültigkeit nicht kennt.

Das reine Herz eines Mädchens kann sich jedem Menschen so liebevoll und verantwortlich zugetan fühlen wie eine gewöhnliche Seele allenfalls ihren Brüdern und Schwestern. Für dieses Mädchen *sind* dann alle Menschen Brüder und Schwestern, es empfindet unmittelbar *eine* einzige Menschheit, und zwar bis in alle Tiefe. Und es kann sich jedem einzelnen Tier, das auf Erden gequält wird, so zugetan fühlen, wie eine gewöhnliche Seele allenfalls ein Haustier liebt. Die Liebe eines solchen Mädchens ist groß und rein – sie umfasst viel mehr als jedes andere Herz, *weil es frei von der dunklen Macht ist...*

Nun muss ein Junge sich nicht unbedingt in ein solches Mädchen verliebt haben – vielleicht gibt es ein so wunderbares Mädchen in seiner Nähe gar nicht, oder vielleicht hat er noch gar nicht gelernt, es zu *sehen*, wenn es da wäre. Aber was ein Junge dennoch sicher sehen kann, ist die größere *Sanftheit* der Mädchen, ihre größere Empfindsamkeit in so vielem.

Und dadurch kann man sehen, was das eigentliche Wesen der Seele sein könnte – gerade der Mädchen, aber sogar auch der Jungen. Denn wenn man sich diese Sanftheit unendlich *verstärkt* vorstellen könnte, dieses Reine, dieses Unschuldige, was damit verbunden ist – dann käme man zu dem heiligen Ur-Wesen des *Mädchens*. Dann spürt man in einer zutiefst berührenden Weise, was *wirklich* ein reines, durch und durch gutes Herz wäre. Und man spürt auch, was das Wunder der Mädchen ist – selbst wenn es total verschüttet ist.

Aber auch das wahre Wesen der Jungen ist von einer unendlichen Reinheit, völlig befreit von der dunklen Macht. Nur würde sich das Wesen des Jungen nicht in dieser geradezu unbeschreiblichen *Sanftheit* offenbaren, sondern in dem, was eben das Wesen eines Jungen gegenüber einem Mädchen ist. Und was wäre dieses Wesen? Worin unterscheidet sich ein Junge von einem Mädchen? Sie unterscheiden sich ja nicht *völlig*. Auch ein Junge kann sehr sanft sein. Auch ein Mädchen kann sehr mutig sein. Aber es gibt diesen Unterschied in der Färbung, in diesem wunderbaren Zusammenspiel der Eigenschaften, der Qualitäten, Kräfte, Wesenszüge. *Das* ist es, was den Unterschied ausmacht, nicht die völlige Verschiedenheit.

Ein Mädchen ist in allem sanfter. Ein Junge ist, in seinem Ur-Wesen, stärker, mutiger. Er *denkt* besonnener – und ein Mädchen *fühlt* inniger. So ist der Junge ein heiliger *Beschützer* des Mädchens – und das Mädchen ist eine heilige Beschützerin der Liebe, die in ihrem Herzen lebt. Und so kann man sagen: Der Junge ist ein mutiger Kämpfer gegen das Böse – das Mädchen ist eine heilige Hüterin des Guten...

Und man muss versuchen, diese Unterschiede zu *empfinden*. Es bedeutet nie, diese beiden, Junge und Mädchen, auseinanderzureißen. Sondern es bedeutet gerade, ihre heilige, sich ergänzende Harmonie zu erkennen. Der Junge soll auch gerade dieses Leuchtende, Unschuldige des Mädchens in sein eigenes Herz aufnehmen. Und auch das Mädchen kann die leuchtenden Wesenszüge des Jungen in sein eigenes Wesen aufnehmen. Ein Mädchen kann von einem Jungen lernen, noch mehr heiligen *Mut* in sein Herz aufzunehmen. Ein Junge kann von einem Mädchen lernen, was wirkliche *Liebe* zu allem ist... So sind sie füreinander bestimmt – der Junge und das Mädchen. Nur *miteinander* können sie die dunkle Macht bekämpfen ... und besiegen.

Das Mädchen kann von dem Jungen lernen, was innere *Kraft* und Stärke ist. Der Junge kann von dem Mädchen lernen, was innere *Liebeskraft* ist. Denn das Mädchen will das Böse nicht vernichten – es will es verwandeln. Es will, dass selbst das Böse wieder *gut* wird. Und nur die tiefste Liebe eines reinen Herzens ist dazu in der Lage – diese Kraft wird in der Zukunft immer mehr gefunden werden müssen. Sonst wird diese Erde immer dunkler und dunkler werden. Der Junge kennt das Kämpfen und das Siegen. Das Mädchen kennt das Retten und das Heilen...

*

An dieser Stelle ist dieses Buch für die Jungen zu Ende. Es ist in ihre Hände gelegt, ob sie empfinden können, was hiermit ausgedrückt ist.

Je mehr ein Junge das Wesen der Mädchen *lieben* lernt, desto mehr wird er verstehen, um was es geht. Es geht um nichts weniger als die Rettung der Welt. Die Seelen müssen wieder lernen, zu lieben – und sie müssen lernen, das ,Coole' von sich zu weisen. Und nicht nur das Coole, sondern *die dunkle Macht überhaupt.*

Diese Welt braucht nichts dringlicher als mutige, starke Kämpfer für das Gute. Und als mutige, starke Beschützer der Mädchen, vor allem aber des wahren Wesens des Mädchens. Alles, alles, was an Furchtbarem in der Welt geschieht, bis ins Kleinste, beruht auf einem Mangel an Liebe. Das Mädchen in seinem wahren Wesen ist die heilige Trägerin der Liebe. Und der Junge soll es auch sein. Aber was die Liebe in ihrer ganzen Tiefe ist, erlebt er immer wieder an dem Wesen der *Mädchen.* Ihr Beschützer soll er sein. Der Beschützer der Mädchen – und der Beschützer ihrer Liebe, die auch die seine werden soll.

Mögen die Jungen bis in die Tiefe erkennen, was die dunkle Macht ist und wie sie vorgeht – und mögen sie sich mutig *dagegenstellen,* um Seite an Seite mit den Mädchen für das Gute zu kämpfen, das Lichtvolle, das Liebevolle und das Sanfte... Man bekämpft das Böse nicht mit Bösem. Sondern man kämpft für das Licht *mit* dem Licht. Der Junge lernt von dem Mädchen, wie man nicht das Dunkle, sondern das Helle in der Welt vermehrt. Zuerst muss man das eigene Wesen so unschuldig werden lassen, wie man es als Wunder der Mädchen empfinden kann...

Vielleicht hat man als Mädchen das vorige Kapitel auch gelesen – sei es aus Neugier, sei es aus innerer Anteilnahme, was denn den Jungen gesagt werden wollte. Falls nicht, so kann man es jetzt oder auch später nachholen, wann immer man es möchte.

Für die Jungen wurde unter anderem das wahre Wesen der Mädchen erlebbar gemacht. Und warum? Weil man sich gerade im Erleben dieses berührenden Wesens von dem Gift der ‚Coolheit' befreien kann. Man kann sagen, für die Mädchen ist der Schritt zu dieser Befreiung viel, viel kleiner. Sie sind von der dunklen Macht nicht so sehr angefallen wie die Jungen – obwohl sie es in der heutigen Zeit auch sehr stark sind. Auch die Mädchen sind gegenüber dem Weltgeschehen oft sehr gleichgültig geworden, interessieren sich mehr für ihren eigenen Spaß, für das ‚Chillen' und für Partys als für das wirkliche Leid der Tiere, der Menschen. Und dennoch lebt in ihnen etwas, was wesentlich *leichter* von diesem krassen Selbstbezug Abschied nehmen könnte als bei den Jungen.

Wenn also den Jungen, um die dunkle Macht zu besiegen, gesagt werden musste: Erlebt das eigentliche Wesen der *Mädchen* – von ihrem Wesen werdet ihr lernen können, um was es geht ... so muss nun hier, für die Mädchen, gesagt werden: Habt den Mut, euer allertiefstes, eigentliches *Wesen* zu erleben und *dieses* wahrzumachen...

In der heutigen Welt lebt das Mädchen in einer tiefen Tragik. In Bezug auf den Jungen kann es scheinen, dass er für die ‚Coolness' geradezu geschaffen ist – in Bezug auf das Mädchen erlebt man sehr deutlich, wie es in diese Entwicklung *hineingerissen* wurde. Anders ausgedrückt: Der Junge ist von seinem wahren Wesen schon so weit entfernt, dass die ‚Coolness' geradezu passend wirken kann, beim Mädchen aber hat man noch ein Empfinden davon, dass dies gerade eine tiefe Tragik ist, dass es durch jede ‚Coolheit' sein Wesen gerade *verliert.* Und dieser Unterschied im Erleben liegt daran, dass der Junge ohne das Mädchen sozusagen schon rettungslos verloren ist – und dass nur noch das Mädchen ihn retten kann. Aber man erlebt, wie sich auch die Mädchen selbst verlieren, und diese Tragik ist nicht zu beschreiben.

Vielleicht kann man es auch so beschreiben: Der Junge ist dem Gift der dunklen Macht fast völlig verfallen. Aber etwas in ihm, ein allertiefstes, sehnt sich nach etwas völlig anderem, sehnt sich nach einer tiefen, radikalen Befreiung – und in diesem Zusammenhang sehnt es sich vor allem nach einem: danach, dass es ein Mädchen geben möge, das nicht dieser dunklen Macht verfallen ist, das sein Herz und seine Seele in einem unendlich unschuldigen Zustand gehalten haben möge...

So ‚cool' die Jungen auch daherkommen mögen – in der Seele jedes Jungen, auch wenn er dies überhaupt nicht weiß, lebt ein reines, unendlich unschuldiges Ur-Bild des *Mädchens.* Und auch wenn er es nicht weiß, *sucht* er dieses, sehnt sich danach... Auch wenn er es nicht weiß. Auch wenn das Gift der Coolheit sogar diese Erinnerung längst ausgelöscht hat. Tief in seinem Herzen lebt sie *dennoch,* diese Sehnsucht.

Und nun kann man sich als Mädchen fragen: Wie – soll *ich* nun, weil die Jungen dazu zu unfähig sind, aufhören, mich in diesem Element zu bewegen, in dem sich *alle* bewegen, das auch ich mir ganz und gar zueigen gemacht habe und als meine Heimat empfinde? Soll ich nun in die Rolle des ‚unschuldigen Mädchens' schlüpfen, nur weil die Jungen irgendwo ‚tief im Inneren' davon träumen? Wie krank ist *das* denn?

Aber so spricht bereits die dunkle Macht in einem – das ist man nicht ganz selbst. Es ist bereits die verinnerlichte *Coolheit*, die so spricht. Kalt und unempfindlich gegenüber der Welt, nur an sich denkend, wie alle anderen...

Niemand fordert etwas von den Mädchen oder von diesem einen konkreten Mädchen, das man ist. Worum es einzig und allein geht, ist, dass es möglich sein könnte, dies einmal in sein *Erleben* aufzunehmen – und vielleicht zu spüren, wie das Innerste des eigenen Herzens darauf noch eine andere Antwort hat als die ganze übrige, gewöhnliche Seele... Denn es geht nicht um eine ‚Rolle'. Es geht nicht um eine Forderung. Es geht um das Erleben, wie krank eigentlich unsere gesamte *Welt* ist. Der, der diese Worte hier schreibt, macht sich ja damit auch keine Freunde – allenfalls zieht er den Spott auf sich, auch den Spott der meisten Mädchen... Und ein Mädchen, das dem, was hier angedeutet ist, folgen würde, würde ja ebenfalls vor allem Spott auf sich ziehen und sich Verletzungen aussetzen, das ist doch deutlich. Und doch würde es noch etwas anderes tun. Denn es würde die Herzen der Jungen zutiefst berühren. Es würde sie an ihre eigene Sehnsucht erinnern – und es würde helfen, sie von der dunklen Macht zu erretten. All dies würde es tun, weil es Ernst damit gemacht hat, *seine* Seele von der dunklen Macht wieder zu befreien und sie in ihrer ganzen, ursprünglichen Schönheit und Unschuld leuchten zu lassen...

Wer macht sich denn klar, was dies bedeutet? *Alle* großartigen Filme basieren auf diesem Aufeinandertreffen von Gut und Böse, auf diesem unendlich schönen Urbild des *reinen Herzens*. Kann man das nicht empfinden? Aber wer trägt dann dieses reine, unschuldige Herz in sich? Es ist fast immer ein Mädchen... Warum denn nur? Weil das Mädchen wirklich die heiligste Trägerin dieser Unschuld ist. Es ist gleichsam dafür *geschaffen*, die Retterin zu werden – während alle übrige Welt der dunklen Macht verfallen ist, sich allein nicht mehr von ihr befreien kann.

Natürlich – auch die Mädchen können sich egoistisch von dieser heiligen ‚Aufgabe' lossagen und sich sagen: ‚Moment mal, geht's noch? Alle übrige Welt kümmert sich einen Scheißdreck um alles, und *wir* sollen jetzt die auserwählten Retterinnen sein? Und *unser* ganzes Leben dafür aufgeben? Oder womöglich sogar ich allein? Geht's noch?'

Ja – so kann jedes einzelne Mädchen sprechen, das ist ja sein gutes Recht, angesichts des völligen Sieges der dunklen Macht. Die Mädchen sind ja auch schon so, wie sie jetzt sind, weniger egoistisch als die Jungen. Sie fühlen sich ja schon so von vielem viel betroffener als alle anderen. Reicht das nicht?

Nun ... für die Welt wird es nicht reichen. Denn es zeigt auch wiederum nur, dass die Mädchen zur Rettung der Welt geschaffen sind, aber ... dafür müssten sie diese heilige Aufgabe auch ergreifen. Sie wären dazu bestimmt, sich *als erste* von der dunklen Macht wieder zu befreien – um dann auch ihre Brüder und Schwestern zu befreien. Wie in einem allergrößten Drama, das die Wirklichkeit aber tatsächlich auch ist. Man muss das Wirken der dunklen Macht nur *sehen* lernen. Sie wirkt in jeder einzelnen Seele – und kämpft mit aller Macht um jede einzelne Seele.
Der Sieg über die Mädchen ist für die dunkle Macht der allergrößte. Denn wenn sie es geschafft hat, auch den Mädchen diesen Selbstbezug und diese Gleichgültigkeit für die größeren Zusammenhänge, die Lust am ‚coolen' ‚Chillen' und am bloßen Spaß einzuflößen ... dann ist die Welt verloren. Die Mädchen sind der Schlüssel in ihrem Kampf. Sie, die scheinbar schwachen Mädchen, sind das, worauf sich die dunkle Macht am allermeisten richtet. Hat sie die Mädchen in ihrer Macht, beherrscht sie die Welt für immer...

Das kann man absurd und irrwitzig finden, es ist aber so. Und es ist so, weil die Jungen und Männer vor allem mit dem Kopf denken – und dies die Welt nicht retten wird; die Mädchen aber dazu bestimmt sind, mit dem Herzen zu fühlen – und es alle anderen Menschen *auch* wieder zu lehren.

Man kann vor einer Aufgabe weglaufen. Das ist das gute Recht jedes Einzelnen, in einer Zeit, in der es darum geht, dass eine Aufgabe nur aus dem Innersten heraus *selbst ergriffen* werden kann. Aber gerade darum ist es keine ‚Rolle‘. Es geht um Realitäten, um die volle Wirklichkeit – und diese ist: das fortwährende Siegen der dunklen Macht. Das immer weitere Besiegen der *Herzenskräfte*, der Empfindungsfähigkeit. Die Mädchen bräuchten nur so wenig, um diese heiligen Kräfte wiederzufinden...

Ist es denn kein Weg, einmal ganz und gar nur auf sein tiefstes Herz zu hören, zu lauschen – und zu versuchen, ganz rein zu empfinden, was *dann* erlebbar wird? Kann man den Mut aufbringen, dies einmal zu versuchen, mit *vollem* Ernst? Dieses tiefste Innere des eigenen Herzens kennt nur die Unschuld – und es hat eine zutiefst heilige, leise Antwort...

*

Ist es nicht klar, dass in einer Welt, die ganz auf den Selbstbezug aufbaut, die Unschuld den *allergrößten* Mut braucht?

Es ist doch klar, dass das auf sich selbst Gerichtete in einer solchen Welt keinen Mut braucht und keine Kunst ist. Das tut doch inzwischen *jeder*. Und jeder strebt, wo er kann, nach Genuss, nach Spaß – oder sogar modern englisch nach ‚Fun‘, nach ‚Chillen‘. Und währenddessen wird die Welt immer kälter, immer ärmer, erstickt gleichsam an sich selbst, an der immer weiter zunehmenden Selbstsucht und dem coolen

Nicht-tiefer-Betroffensein. Die Welt geht zugrunde, und jeder sucht sich noch seinen persönlichen ‚Fun'-Anteil, wie auf der Titanic: ‚Spaß' bis zuletzt...

Um es ganz deutlich zu sagen: Die Welt geht daran zugrunde, dass es keine *Mädchen* mehr gibt. Mädchen mit einem reinen Herzen, mit einer unschuldigen Seele. Mädchen, die der dunklen Macht so sehr die Tür weisen, dass in ihrem Herzen *nichts* davon lebt – und die den Mut haben, auch die übrige Welt zu retten. Denn im Grunde kann man sagen: Die ganze Welt wartet auf *diese Mädchen*.

Das erscheint nur auf den ersten Blick absurd. Denn warum ist das so? Weil alle übrige Welt die Kraft, *wirklich* gegen die dunkle Macht zu kämpfen, längst verloren hat. Sie ist dieser dunklen Macht längst viel zu sehr verfallen, um sich aus ganzem Herzen und mit ganzer Seele dagegen zu wehren. Wie Fliegen, in denen längst das Gift der Spinne wirkt. Die einzige Hoffnung liegt dann noch in *den* Seelen, die dieses Gift von sich weisen können, die noch diese unendliche, heilige Kraft haben.

So ernst, so tragisch muss man sich die Realität vorstellen und sie sehen lernen. Es kann einem dann noch immer ‚absurd' vorkommen – und doch nicht zu ändern sein. Die scheinbar Schwächsten, die Mädchen, wären die wahren Retterinnen der Welt. Denn alles, was sich heute so stark hervortut, die ‚Systeme', die Konflikte, die Konkurrenz, die Kriege, der Kampf untereinander, all dieses Starke und Mächtige *beruht* ja auf einem Verfallensein gegenüber der dunklen Macht. Es hat ja gerade damit zu tun, dass die Seelen der dunklen Macht verfallen und darum nicht stark genug sind, sich dagegen zu wehren und das *Menschliche* hervorzubringen. Die ganze starke, mächtige Welt, der sich die Mädchen gegenübersehen, ist ja gar nicht so stark, wie sie wirkt. Sie ist ja bereits *Opfer* der dunklen Macht – und wartet, auch wenn man es vielleicht gar nicht weiß, auf *Rettung*...

Wenn man aber als Mädchen eine Sehnsucht nach einer ganz anderen Welt in seinem Herzen trägt, dann kann man zu ahnen beginnen, dass man als Mädchen, zusammen mit anderen Mädchen, zur Retterin der Welt bestimmt ist – denn niemand sonst trägt diese Sehnsucht *so* lebendig im Herzen wie ein Mädchen... Da liegt der Zusammenhang. Die Mädchen müssen diese Sehnsucht die Menschen wieder lehren. Aber dafür müssen sie sie auch *selbst* in aller Tiefe wiederfinden, den Mut dazu haben...

Sehnsucht braucht Mut. Sie ist das verletzlichste, was es gibt, denn in einer Welt, die ihre Sehnsucht verliert, kann die Sehnsucht immer nur enttäuscht werden, verletzt werden, verspottet und getötet. Aber jede einzelne Seele ist für ihre Sehnsucht *verantwortlich* – sie zu beschützen, sie zu hüten, sie zu nähren und sie, wenn sie verletzt wurde, immer wieder zu heilen, niemals sterben zu lassen, niemals... Die Sehnsucht nach dem Guten ist das heiligste, was die Seele in sich trägt. Und sie ist dafür verantwortlich, wie der Kleine Prinz für die Rose. Aber die Seele der Mädchen ist zugleich für etwas viel Größeres verantwortlich – nämlich dafür, dass die Sehnsucht auf der Welt nicht *ganz* verschwindet.

Wie die *Mädchen* mit ihrer innersten Sehnsucht umgehen, das ist im Grunde das entscheidende Zeichen für die ganze Welt. Wenn die *Mädchen* ihre Sehnsucht verraten, wenn sie keinen Mut finden, sich zu ihrer Sehnsucht zu bekennen, dann ist die Welt verloren. Es wird die heilige Aufgabe der Mädchen sein, der Welt ihren Spiegel vorzuhalten: wie kalt und herzlos sie geworden ist, wie sehr sie jede Sehnsucht bekämpft, statt sie zu hüten, wie sehr sie ihre heilige Sehnsucht *verraten* hat. Das der Welt zu zeigen, ist Aufgabe der Mädchen. Niemand wird es so wahrhaft können wie sie...

Das wahre Wesen der Mädchen ist es, die Unschuldskräfte in sich *stärker* zu bewahren, als die dunkle Macht sie ihnen entreißen will. Diese Unschuld nicht zu verlieren, obwohl alles diese den Mädchen entreißen will. Und mit der Unschuld die *Liebe* zu bewahren. Liebe statt Selbstbezug. Mitleid statt Gleichgültigkeit. Unschuld statt Kälte.

Liebe, Zuneigung, Erschütterung gegenüber allem, was anders ist. Das sind die einzigen Rettungskräfte gegenüber der dunklen Macht, die die ganze Welt in ihren Klauen hat. Die Mädchen dürfen die Wärme ihrer Herzen nicht verlieren! Sie müssen sie wiederfinden – diese heilige Wärme, die tief in ihrem Innersten lebt. Und sie müssen den Mut haben, sie zu offenbaren.

Die Wirkung der dunklen Macht hört einen Augenblick lang auf, wenn man mit seinem tiefsten Herzen vereint ist – da, wo eine unsagbare Liebe zum Guten lebt, ein heiliger Wille, der ganz vereint ist mit dem Wesen der *Unschuld*.

Aber wie trägt man dies in den Alltag zurück? Man muss im Grunde einen Weg finden, wie man mit diesem heiligen ‚Ort‘ immer tiefer verbunden bleibt, mit diesem ‚Ort‘ und mit der hier lebenden reinen, unerschütterlichen, unbesiegbaren Liebe zum Guten, die ein ganz und gar unschuldiger, heißer, heiliger Wille ist...

Vielleicht kann man jetzt noch besser verstehen, wie die dunkle Macht wirkt. Denn es reicht ja, diese Verbindung *abreißen* zu lassen, die Seele ein wenig unsicher zu machen, zögernd, sie wieder ein wenig ‚hineinzubringen‘ in die gewöhnliche Stimmung des Selbstbezugs, des gewöhnlichen Strebens nach Spaß, nach Chillen und so weiter. Das reicht ja, um die Verbindung bereits abgerissen sein zu lassen. Die Seele kann ja immer nur nach *einem* zugleich streben. Wenn sie also möglichst fortwährend in dem Reich bleibt, wo es um

Spaß, Chillen und so weiter geht, dann fühlt die dunkle Macht bereits ihren Sieg...

Die heiße, bedingungslose, heilige Liebe zum Guten kann nicht leben, wo es gleichzeitig um den eigenen Genuss geht. Entweder – oder. Wenn es um Spaß und Genuss geht, dann vegetiert diese viel heiligere Liebe allenfalls noch vor sich hin. Man kann es sich vielleicht in einem Bild vorstellen. Nehmen wir an, diese heilige Liebe zum Guten ist ein unendlich schönes Mädchen, eine reine, unschuldige Prinzessin, dazu bestimmt, die Welt zu retten. Aber sie lebt in Gefangenschaft der dunklen Macht. Und die dunkle Macht überlässt sie einem – und man behandelt sie wie eine kleine Schwester. Eigentlich soll man sie innigst behüten und ihr folgen – stattdessen behandelt man sie als kleine Schwester. Man geht mit ihr auf eine Party, stellt sie an den Rand und sagt ihr: ,So, du wartest hier schön und machst keinen Unsinn. Ich komm irgendwann wieder, und bis dahin bist du schön brav.' Und dann geht man zu den anderen und hat seinen Spaß. Und die dunkle Macht grinst ihr hämisches Grinsen und sagt sich in ihrer Sprache: ,Genau so soll es sein...'

,Spaß' und diese heilige Liebe zum Guten sind in tiefstem Sinne nicht miteinander vereinbar. Entweder verzichtet man auf den einen – oder man *verrät* die andere. Natürlich kann man sich auch sagen, dass man ,ein bisschen die Welt rettet', wenn man gemeinsam mit anderen Spaß hat – aber im tiefsten Herzen weiß man, dass das nicht wahr ist.
Das heißt nicht, dass der Mut, nicht dem Spaß, sondern der innersten Liebe zum Guten zu folgen, das ganze Leben traurig und trostlos machen würde. Im Gegenteil. Natürlich – je mehr man empfindet, *wieviel* Rettung die Welt braucht, um so mehr zieht ganz real ein heiliger Schmerz in die Seele ein. Aber das heißt nicht, dass im Leben die Freude und das

Glück fehlen werden. Nur ist heilige Freude etwas anderes als ‚Spaß' – und Glück ist auch etwas anderes. So wird es für das liebende Herz eine Freude und ein Glück werden, etwas *tun* zu können. Freude wird es sein, wenn man Leid lindern kann. Glück wird es sein, etwas gegen die Not zu tun. Immer mehr wird das Leben und das Tun von *Liebe* durchdrungen sein – und das geht viel, viel weiter und tiefer als ‚Spaß'. Die heiligen, leuchtenden, unfassbar tiefgehenden Kräfte des Herzens können nur da anwesend sein, wo es nicht um ‚Spaß' geht. Es sind völlig andere Kategorien – und die Seele kann beginnen, dies immer mehr zu empfinden.

Das bedeutet ja nicht, dass man von einem Tag auf den anderen jeden ‚Spaß' und so weiter aufgeben muss. Es bedeutet nur, zu versuchen, zu fühlen, wo die tiefste und aufrichtigste, die unschuldigste Sehnsucht lebt – und *dieser* immer mehr treu zu sein. Man kann lernen, immer mehr die Sehnsucht zu empfinden, diese Sehnsucht nicht mehr zu *verraten*. Die Kraft, die es braucht, um den bloßen ‚Spaß' als immer unwesentlicher zu empfinden, wächst dann von ganz allein. Indem die Liebe zum Guten größer wird, *ist* sie diese Kraft, die alles andere unwesentlicher werden lässt und eine ganz *neue*, heilige Freude mit sich bringt...

*

Es ist und bleibt ‚ungerecht', die Mädchen als Retterinnen der Welt zu betrachten. Aber wenn sie es nun einmal sind? Es ist auch etwas Großartiges – allerdings bedeutet es eben, dass die Mädchen *als erste* dem Gift der dunklen Macht entrinnen müssen und sich von diesem lossagen müssen, denn dazu sind sie bestimmt.

Das ist nur möglich, wenn einzelne Mädchen den Mut haben, der gängigen ‚Erzählung' zu widerstehen, wonach es in der

Welt um ‚Spaß' und ‚Genuss' geht und wonach vor allem auch sie, die Mädchen, ein Recht darauf haben. Denn besteht nicht gerade darin die ‚Emanzipation'? Dass die Mädchen die gleichen Rechte wie die Jungen haben, die Frauen die gleichen Rechte wie die Männer? Aber wie – wenn es darauf hinausläuft, dass sich nun die Selbstbezogenheiten vereinen, um *gemeinsam* die Welt zu zerstören? Welchen Wert hat diese ‚Emanzipation' denn, wenn sie nur darauf hinausläuft, dass die Mädchen gleiche Rechte in einer Welt haben, die von Männern dominiert ist – und, mehr noch, die von der dunklen Macht geführt wird?

Jahrhunderte lang durften nur die Männer alles. Nun dürfen es auch die Frauen und Mädchen? Welch ein Fortschritt! Die dunkle Macht hat auf ganzer Linie gesiegt. Jeder darf alles. Das ist der ganze Fortschritt. Und heute lautet sein Mantram, immer wieder neu in die Seelen eingeflößt:

‚Hab Spaß...! Sei du selbst... Sei so cool wie wir. Genieße dein Leben. Mach, wozu du Lust hast. Sei Teil des Ganzen. Komm – finde deinen Style und mach mit... Auch *du* kannst zu uns gehören. Fang einfach an, so cool zu sein wie wir – und du gehörst dazu...'

Die ‚Gleichberechtigung' ist wichtig und notwendig – aber was ist, wenn die ‚Rechte' selbst vergiftet sind? Wenn die dunkle Macht grinsend flüstert: Du, Mädchen, hast das gleiche Recht, mein Gift in dich aufzunehmen, wie die Jungen. Komm nur, ich gebe es dir sehr, sehr gerne...

Es *ist* eine Tragik, dass die Mädchen in dem Augenblick, wo sie in der Weltgeschichte die Möglichkeit bekommen haben, sie selbst zu sein, damit auch gleich wieder aufhören sollen. Aber die Weltgeschichte ist in demselben Augenblick auch an den Punkt gekommen, wo die Welt im Begriff ist, sich selbst zu vernichten – und an ihrer eigenen Selbstbezogenheit zu *ersticken*.

Hatten die Mädchen *jemals* die Möglichkeit, sie selbst zu sein? In dem Moment, wo sie von den Jungen und Männern halbwegs freigelassen wurden, griff die dunkle Macht in *anderer* Weise zu – und führte die Mädchen von sich selbst weg in die Sklaverei des Genusses.

Die Männer lebten in dieser Sklaverei schon viel länger – und waren so *von Anfang an* viel selbstbezogener als die Frauen und Mädchen, die ihnen Jahrhunderte lang zu dienen hatten und zu willen zu sein hatten. Aber gerade *das* hat den Mädchen und Frauen ihre größere Unschuld bewahrt – dass sie immer Opfer waren, niemals Täter. Immer auf der Seite des Ausgenutztwerdens, niemals auf der Seite der *Macht* und des *Genusses*. Und man kann es auch umgekehrt sagen: Sie wurden *wegen* ihrer größeren Unschuld ausgenutzt.

Dies soll nichts anderes deutlich machen als ein Einziges: Die größere Unschuld der Mädchen ist eine *Tatsache*. Und diese Tatsache ist dabei, verlorenzugehen, weil nun auch die Mädchen von dem Gift des bloßen Genusses vergiftet werden, das die Jungen und Männer schon so lange in sich aufgenommen haben.

Die Mädchen sollen nicht zurück in ihre Opferrolle, sie sollen jetzt die *Retterinnen* werden! Wenn *jetzt* die Welt nicht gerettet wird, dann wird sie sowohl in Genuss als auch in Selbstzerstörung versinken. Die Seele stirbt in Genuss und Selbstbezug, das Äußere stirbt in Vernichtung, die niemandem mehr leidtut, weil die Seelen in Gleichgültigkeit versinken.

Und nur die Mädchen können dies noch verhindern.

Alle Welt weiß, wie schlimm es steht. Aber es wird abgestritten, es wird gelogen, verdreht. Es werden Verhandlungen geführt, und immer geht es von neuem um nationale, regionale, individuelle Egoismen. Die Welt erstickt in männlicher Eigensucht und abstraktem Denken, das keinerlei Empfindungen mehr kennt. Jeder weiß, was nötig wäre, aber jeder handelt *abgeschnitten* von seinem Herzen. Nur ein Wesen kann die Verbindung mit seinem Herzen wiederfinden, um es die anderen Menschen wieder zu lehren – mit einer bedingungslosen Aufrichtigkeit. Und das ist das Mädchen...

Es geht auf der Welt nur um eine einzige Frage, in der alles andere enthalten ist. Es ist der Gegensatz von Selbstbezug und aufrichtiger Liebe. Dies ist der einzige Kampf, den die dunkle Macht führt – stets stärkt sie das eine und vernichtet in demselben Maße das andere. Und jede einzelne Seele ist ihr bereits verfallen – und doch gibt es die Freiheit, das Gift zu *erkennen* und immer mehr zu *empfinden* ... und sich dann zu entscheiden.
Es ist genauso schwer, wie wenn man nach einem Schlangenbiss tief in das eigene Fleisch schneiden müsste, um das Gift wieder loszuwerden. Das Gift des viel zu groß gewordenen Selbstbezuges, mit dem dann diese ganze Sucht nach Spaß und Genuss und allem, was damit zusammenhängt, verbunden ist... Man wird dies nur tun können, wenn man es als Gift *erkannt* hat, zu erkennen begonnen hat – und wenn man eine immer tiefere Sehnsucht nach dem Gegenteil hat...

Aber diese Sehnsucht *lebt* in der eigenen Seele. Man muss sie nur finden – und man weiß es doch sogar, wo sie lebt. Man braucht nur den Mut, dies als die eigene Sehnsucht zu *erkennen* und sich zu ihr zu bekennen, ihr treu sein zu wollen. Man muss sich mit tiefstem Ernst fragen: Was will ich eigentlich *wirklich*? Und diesem Entschluss dann treu bleiben. Treue! Was ist das für ein wunderbares, heiliges Wort. Aber wenn die Seele die in ihrer Tiefe lebende heilige *Liebe zum Guten* einmal wahrhaft finden würde, dann hätte sie in dieser

Liebe von selbst die Kraft der Treue. Sie dürfte die *Verbindung* nur nicht wieder verlieren, müsste sie immer wieder suchen und finden können...

Sobald die Seele in Wahrheit diesen heiligen, in ihr verborgenen Ort mit der dort lebenden Sehnsucht *gefunden* hat und ihn *mehr* liebt als alles andere, hätte sie den Kampf gegen die dunkle Macht im Grunde gewonnen. Sie muss es nur wahrmachen. Sie muss diesen Ort nur wirklich wahrhaft finden. Und dann die *Treue* erleben, die mit diesem wahrhaften Gefundenhaben verbunden ist...

Der Abschied von einem Gift kann sehr, sehr schwer sein. Das werden einem alle Abhängigen und Süchtigen bestätigen. Aber wenn es doch ein Gift *ist*... Nur kann man sich von diesem Gift nicht direkt befreien – man braucht erst das Gegengift. Und das ist die tiefe Sehnsucht nach dem heiligen Teil der Seele, in dem die wahre Liebe zum Guten lebt und der man *in Wahrheit* ist. Hier liegt das Gegengift, hier liegt die Kraft, sich gegen die dunkle Macht zu wehren.

Das schleichende Gift des Selbstbezuges, das uns so unendlich lieb ist, kann nur durch dasjenige besiegt werden, was wir in Wahrheit noch viel inniger lieben – auch wenn die dunkle Macht es von uns loszureißen und uns davon zu trennen versucht. Suchen wir also unsere tiefste Sehnsucht!

Genau hier liegt der Keil, den die dunkle Macht fortwährend in uns hineintreiben will. *Alles*, was sie tut, ist darauf gerichtet, dass wir diesen Schritt nicht machen. Wir können alles tun, was wir wollen, aber wir sollen *nicht* unsere tiefste Sehnsucht suchen, nicht danach fragen, nicht einmal auf die Idee kommen. Denn hier liegt das Einzige, was sie, die dunkle Macht, noch stoppen kann.

Das Mysterium der *Unschuld*...

*

Sämtliche Märchen und Legenden, sämtliche Epen und darauf basierenden Romane und Filme kennen dieses Geheimnis, das ihnen zugrunde liegt. Das heilige Geheimnis der Unschuld.

Aber die Zeit der Unschuld ist vorbei. Nur die Märchen und Träume sind noch geblieben. Wir leben in einer Zeit der Schuld – und Selbstbezug *ist* die Ur-Schuld des Menschen. An dieser Schuld geht die Welt zugrunde. Unschuld ist *Liebe*, Selbstbezug ist *Mangel* an Liebe. Er kann immer noch Liebe haben, aber zu wenig – zu wenig, um die Welt zu retten. Denn zu retten ist alles, was bereits tief im Selbstbezug versunken ist. Selbstbezug bedeutet nicht nur Egoismus, es bedeutet auch Gleichgültigkeit, Blindheit gegenüber dem ganzen Ausmaß. Die Welt geht nicht allein an den Taten des Bösen zugrunde, sondern auch an dem Schweigen und der Blindheit der scheinbar ‚Guten'.

Wie kann man in demselben Moment und zugleich die Macht des Guten in einem Märchen – etwa in dem Herzen eines Mädchens – unendlich berührend finden und zugleich *nicht* den Impuls in sich spüren, genauso zu werden?
Man spürt diesen Impuls *immer*, denn die Berührung *ist* bereits dieser Impuls. Aber gleichzeitig ist die Berührung zu schwach, weil der Selbstbezug bereits zu stark ist. Es reicht nicht, von dem unendlich Guten in einem Märchen oder einem Film berührt zu werden, für einen kurzen Moment. Man muss die Sehnsucht nach diesem unendlich Guten aktiv in sich *selbst* suchen, finden, stärken, hüten, wachsen lassen...

Es gibt also für ein Mädchen zwei Möglichkeiten. Entweder es sagt sich: ‚Das ist nicht meine Aufgabe' – und macht weiter, wo es gerade steht. Oder es fühlt sich von dieser ganzen Realität wirklich *berührt* und erkennt das ganze Ausmaß – und spürt in sich eine Sehnsucht. Und beginnt, dieser Sehnsucht zu folgen... Und beginnt, dasjenige in seiner Seele zu spüren, immer mehr, was sich gegen die dunkle Macht zur Wehr setzt. Und beginnt, sich mit diesem zu verbinden, dieses zu *sein*, immer mehr. Es vereint sich immer mehr mit dem Teil seiner Seele, in dem die reinen Kräfte leben, die die dunkle Macht fortwährend *angreifen* will, aber nicht vernichten kann, nur abtrennen kann, aber das Mädchen *lässt* sich nicht mehr abtrennen. Es vereint sich mit diesen Kräften immer mehr, weil es sie als dasjenige empfindet, dem seine wahre Sehnsucht gilt. Die rettenden Kräfte. Die liebenden Kräfte. Die Kräfte des *Unschuldswesens* der Seele...

Wenn ein Mädchen diesen Weg geht, dann gilt es in unserer Zeit nicht mehr als modernes Mädchen. Es gilt nicht mehr als ,emanzipiert'. Aber das ist diesem Mädchen egal. Auf dem Weg, seiner wahren Sehnsucht zu folgen, die *die seine* ist, also zutiefst individuell, findet es zugleich den Mut, sich gegen alle anderen Urteile zu behaupten. Und so emanzipiert es sich stärker als jedes andere Mädchen. Es geht einen Weg *gegen* alle Urteile der heutigen Zeit. Und wird so eine Retterin. Eine Heilerin – die zeigt, welche Kräfte unsere Zeit heute braucht und welche so sehr verspottet, geleugnet und geflohen werden, weil keine andere Seele diesen Mut hat, den dieses Mädchen hat. Als Erste. In der innigen, sanften Hoffnung, dass ihr viele folgen werden...

Im Märchen lebt die unendliche, unendlich erlösende Kraft des Guten in den *Mädchen*. In der heutigen Zeit brauchen Mädchen einen unendlichen Mut, um diese heilige Macht zu offenbaren – weil man sie verspotten wird. Dies allein zeigt, wie *krank* unsere Zeit inzwischen ist. Verspottet wird das Heiligste, das heilige Licht der Märchen und der in ihnen beschriebenen Retterinnen mit ihren reinen, unschuldigen Seelen. Und wer verspottet sie? Die dunkle Macht selbst und die ihnen verfallenen Seelen, die nicht mehr wissen, was sie sagen, weil sie nicht wissen, wem sie verfallen sind. Sie wissen nicht, wie hässlich die Selbstsucht einen macht – und wie schön und leuchtend dasjenige ist, was sie verspotten.

Aber das Mädchen, das seiner Sehnsucht folgt, geht seinen Weg, mitten hindurch durch Spott und Einsamkeit, weil es weiß, dass dies der *einzige* Weg ist.

*

Und es darf eine Hoffnung haben – das Mädchen, das als einziges den Mut findet, der wahren Sehnsucht zu folgen, die aus dem tiefsten Herzen kommt.

Es darf hoffen, dass es anderen Menschen begegnen wird, die seine heilige Sehnsucht verstehen werden – und, berührt von seinem Mut und seiner Aufrichtigkeit, auch *ihre* Sehnsucht wiederfinden werden.

Ein Mädchen mit einem so radikalen Mut zur Unschuld und zur Liebe zum Guten *wird* auch einen Jungen finden, der seinen Weg teilen wird. In tiefer Liebe zu ihm, in tiefer Treue zu ihm, diesem Mädchen, das er immer gesucht hat.

Die Mädchen, die mit diesem Weg einen Anfang machen, werden einen Anfang damit machen, die Welt zu retten. Überall in den Herzen die Sehnsucht zu befreien – und sie werden nicht aufgeben, dies zu tun.

Überall in den Herzen lebt tief verborgen die Sehnsucht nach dem Guten – *und* nach dem Mut, es auch selbst zu verwirklichen; *so* schön zu sein, wie man nur ist, wenn man diesen Mut offenbart, diese vollkommen aufrichtige Liebe zum Guten. Diese Sehnsucht lebt in allen Herzen – wie tief verschüttet sie auch ist. Aber in den Herzen jedes Jungen lebt auch die Sehnsucht nach einem *solchen* Mädchen. Die Märchen sind keineswegs ,Zeug von vorgestern'. Im Herzen jedes Jungen sind sie ganz und gar lebendig – wie verschüttet auch immer. Die Jungen trauen sich ja schon gar nicht mehr, zu hoffen, weil die Mädchen es ihnen in Bezug auf ‚Coolsein' so gleichtun. In Wirklichkeit aber hofft ein Junge tief im Herzen immer auf ein Mädchen, das ein so reines Herz hätte wie das unschuldige Mädchen im Märchen, das durch seine Unschuld die Brüder rettet...

Und natürlich haben auch die Jungen nicht mehr den Mut, so edel und selbstlos zu sein wie die Prinzen im Märchen. Auch in ihnen wirkt ja das doppelte Gift der dunklen Macht. Zum einen flößt es der Seele fortwährend den Selbstbezug ein, und zum anderen saugt es der Seele fortwährend den Mut aus, flößt ihr die Furcht vor dem Urteil der Umwelt ein. Ein Prinz in der heutigen Zeit würde sich ja ganz lächerlich machen... Selbst wenn er selbstlos sein *wollte*, um ein Mädchen ganz selbstlos zu lieben, würde er sich mit diesem Verhalten doch der Lächerlichkeit preisgeben. Die Zeit der Märchen ist doch vorbei.

Man sieht, wie schwierig alles ist – weil die dunkle Macht es schwierig *macht*. In Wirklichkeit aber ist es gar nicht schwierig. Es bräuchte nur Mut – Mut, man selbst zu sein. Und ist es nicht das, was alle Welt einem einredet? Dass man man selbst sein solle und dürfe? Dann nehme man sie beim Wort und habe den Mut, die Sehnsucht nach den Unschuldskräften ganz und gar aufrichtig und bedingungslos zu leben! Dann wird die Welt ja sehen, wie ehrlich sie es mit ihrer ‚Botschaft' meint... Und man wird das Wirken der dunklen Macht erfahren...

Und damit wird der Kampf beginnen. Der Kampf um den eigenen Mut – und auch der Kampf gegen die Verlogenheit der Welt, der man ihren Spiegel vorhält. ‚Wenn jemand eurer Botschaft folgt, dann gehört er dazu, ja? Aber wenn er das

Gute und die Unschuld sucht, und zwar radikal, dann verspottet ihr ihn, ja? Woher kommt denn euer Spott? Merkt ihr nicht, dass ihr vor euer eigenen Sehnsucht weglauft? Ihr spottet doch nur, weil ihr *selbst* Angst habt, das Gute so sehr zu lieben, wie ihr es eigentlich lieben *wollt*. Habt doch selbst auch diesen Mut! Seht ihr denn nicht, dass es nur darum geht? Seht ihr denn nicht, wie sehr wir in dem Gift der dunklen Macht versinken? Seid doch ehrlich zu euch selbst!'

Und die Liebe zum Guten wird in dem Herzen dieses Mädchens immer mehr wachsen. Es wird sich von seinem eigenen Selbstbezug immer mehr befreien. Am Anfang wird es der Welt stark und selbstbewusst den Spiegel vorhalten, weil es noch die Stärke seines eigenen vergangenen Selbstbezuges zur Verfügung hat. Es wird die Welt mit ihrer eigenen Verlogenheit *konfrontieren*. Aber immer mehr wird seine eigene Liebe zum Guten und sein eigenes aufrichtiges Leiden an allem Schlimmen zunehmen. Es wird selbst immer unschuldiger werden. Immer mehr wird es gleichsam seine Brüder und Schwestern, seine Mitmenschen, *bitten*, dieses Gift in ihren Seelen doch zu erkennen. Und schließlich würde es, wenn es könnte, sogar vor der dunklen Macht selbst niederfallen und weinend um die Erlösung, das Loslassen der Menschen bitten...

Das alles sind Bilder – aber Bilder, die eine Wirklichkeit bezeichnen. Man muss sie *empfinden*, um mit dem Herzen zu spüren, welchen Weg die Unschuld geht. Und um zu spüren, ob in der Tiefe des eigenen Herzens *diese* Sehnsucht lebt. Sie lebt in der Tiefe jedes Herzens – aber kaum ein Herz spürt sie noch oder findet gar den Mut dazu, diesen Weg wirklich zu gehen. Aber diese Welt braucht nichts wesentlicher als Herzen mit diesem Mut. Nichts erwartet die Welt sehnlicher als die *unschuldigen Mädchen*. Selbst wenn sie zunächst verspottet werden würden, würden sie doch einen Beginn mit der einzig möglichen Rettung der Welt machen – den Beginn, die uneingeschränkte Macht der dunklen Macht zu brechen. Den Beginn damit, die Herzen wieder an ihre wahre Sehnsucht und ihre wahre, tief verborgene Unschuld zu erinnern.

Die Welt wartet auf das wahre Wesen der Mädchen...

Hier endet dieses Buch. Der es geschrieben hat, rechnet nicht damit, dass es in vielen Herzen auf fruchtbaren Boden fällt. Er weiß selbst, dass das Gift der dunklen Macht viel zu stark ist. Es wäre sofort zu bekämpfen, wenn die Seelen wahrhaft ihre tiefste Sehnsucht fänden. Aber es wirkt ja auch in der Weise, dass sie diese gar nicht mehr wahrhaft suchen. Und so bleibt man immer an das gegenwärtige Wirklichkeits- und Persönlichkeitsgefühl gebunden. Das Finden des heiligen Teils der Seele wäre das Finden eines vollkommen anderen Wirklichkeits- und Persönlichkeitsgefühls. Soviel zumindest mag durch dieses Buch deutlich geworden sein. Aber die *Kraft*, diese Sehnsucht zu suchen und aufrichtig auf sie zu lauschen, muss die Seele selbst *finden*.

Wir leben in einer verlogenen Welt. In einer Welt, die ihre eigene Sehnsucht fortwährend verleugnet – und der überall der Mut fehlt, gegenüber dieser Sehnsucht *aufrichtig* zu sein. Wir leben in einer Welt, die sich lieber selbst vernichtet und bis zuletzt den Selbstbezug vergöttert, als *einmal* aufrichtig in die Tiefen der eigenen Seele einzutauchen und dort etwas *ganz anderes* zu finden.

Die jungen Menschen, die Mädchen und Jungen, werden mit dem hier wirkenden Gift überschwemmt – und leben den überall verkündeten Selbstbezug noch am aufrichtigsten aus. Es ist ja das Vorrecht der Jugend, das Leben zu genießen und sich selbst zu finden. Was aber, wenn dieses Sich-selbst-Finden in seiner Wahrheit bedeuten würde, die Kraft zu finden, das fortwährend wirkende Gift allmählich *zurückzuweisen*? Was wäre, wenn es gerade der Jugend gegeben wäre, die Verbindung zu der tiefsten Sehnsucht noch nicht ganz verloren zu haben – und sich irgendwann darauf zu besinnen, wie ihr zu folgen wäre, weil man irgendwann begreift, worin sie *wirklich* besteht?

Ihr nicht halbherzig zu folgen, während das Gift der dunklen Macht noch immer weiterwirkt, sondern mit ganzem Herzen, wobei erst in diesem ‚ganz' das wahre Gegengift liegt?

Diesen Mut und diese Erkenntnis will dieses Buch gerade den jungen Menschen geben; dazu beitragen, dass sie diesen Mut und diese Erkenntnisse in sich selbst finden können. Möge es also möglichst vielen jungen Menschen helfen, die von der dunklen Macht *erlösenden Kräfte* zu finden, zu hüten und zu stärken.